売る"技"を知ればセールスはもっと楽しい!

絶対にNOと言われない「究極のセールス」

［新装改訂版］

佐藤康行

MP
Metropolitan Press

世界一のセールス・ノウハウを初公開する……………まえがきに代えて

毎日、営業・セールスに励んでいるあなたに、質問します。

Q・1　もしも、どんなお客様のところに行っても、断られないノウハウがあるとしたら、あなたは、そんなノウハウを身につけたいですか？

Q・2　もしも、会うお客様みんなから、大歓迎されるノウハウがあるとしたら、あなたは、そんなノウハウを手に入れたいですか？

あなたの答えは、当然、「YES！」のはずです。

なぜなら、そんなノウハウを手に入れたら、きっとあなたは、今の何倍もセールスが楽しくなるに違いないからです。また、成績もグングンうなぎ登りに良くなっていき、そのことによって、あなたは充実した素晴らしい人生を送ることができるからです。

なぜこんな質問をしたかというと、営業に携わるあなたは、普段からあまりにも多くの断りを受け過ぎているからです。あなたが営業をいやになってしまうのはそのためです。

いやいや仕方なくやっていて、いい成績を残せるわけがありません。

私のセールスは、絶対に「断られない」セールスです。断られるどころか、お客様に大歓迎されます。お客様に心から喜ばれます。お客様に感動されます。

ですから、私自身も楽しくて仕方がありません。もちろん疲れたりストレスを感じたりは一切ありません。お客様と会えば会うほど元気になるのです。

ですから、私は常に若い頃から、トップセールスを続けてこられたのです。

私自身は売ろうとしなくても、いつも面白いように売れてしまいました。

私がこの本を通じて伝えたいのは、お客様から本当に喜ばれ、感謝され、こちらまでもが心から嬉しくなってしまうような営業のノウハウです。営業を通じて、いろんな人と触れあい、喜びや楽しみを分かち合える、そんなセールスの方法があるということです。

営業の世界ではよく、「セールスは断られた時から始まる」と言いますが、そもそも、その考え方が間違っています。「本物のセールスは断られようがない」のです。

実際に私の場合は、お客様から断られることなくセールスをやってきたのですから。

しかし、**私も最初からそのようにできたわけではありませんでした。**

私は定時制高校を卒業と同時に、化粧品のセールスマンになりましたが、入社して最初の三日間は、訪問恐怖症でたったの一軒さえも訪問できなかったのです。

玄関のブザーを鳴らしても、人が出てきそうになると慌てて逃げ出す始末でした。

それが私の営業のスタートでした。

実は私は、子どもの頃から引っ込み思案で、言いたいことをちゃんと人に言えませんでした。好きな女の子がいても、声一つかけられないような少年だったのです。

これといって得意なものもなく、まさにコンプレックスの塊のような人間でした。

ではなぜそんな私に、このようなセールスができるようになったのでしょうか？

私なりに自分の経験からいろいろと分析をし、そして遂に、その結論が出たのです。

私がセールスをやって**お客様から断られないのも、売ろうとしないのに売れてしまうのも、ちゃんと理由があったのです。**

それはまさに「黄金のカギ」ともいえる、初公開の「世界一のセールス・ノウハウ」です。

それは一言でいうと「**愛が溢れた営業**」です。**これが本物の営業の姿です。**

そこには「今月はいくら売り上げないといけないから」とか、「高級車に乗りたいから」といった売る側の都合は存在しません。「自分の手も、足も、顔も、全部相手のためにあるんだ」と心から思えるようになった時、初めて「黄金のカギ」が手に入るのです。

本書では、その「黄金のカギ」について、すべて私自身の経験に基づいて、わかりやすく、くわしくのべていきます。

佐藤康行

それは営業・セールスを革命的に変えるものだからです

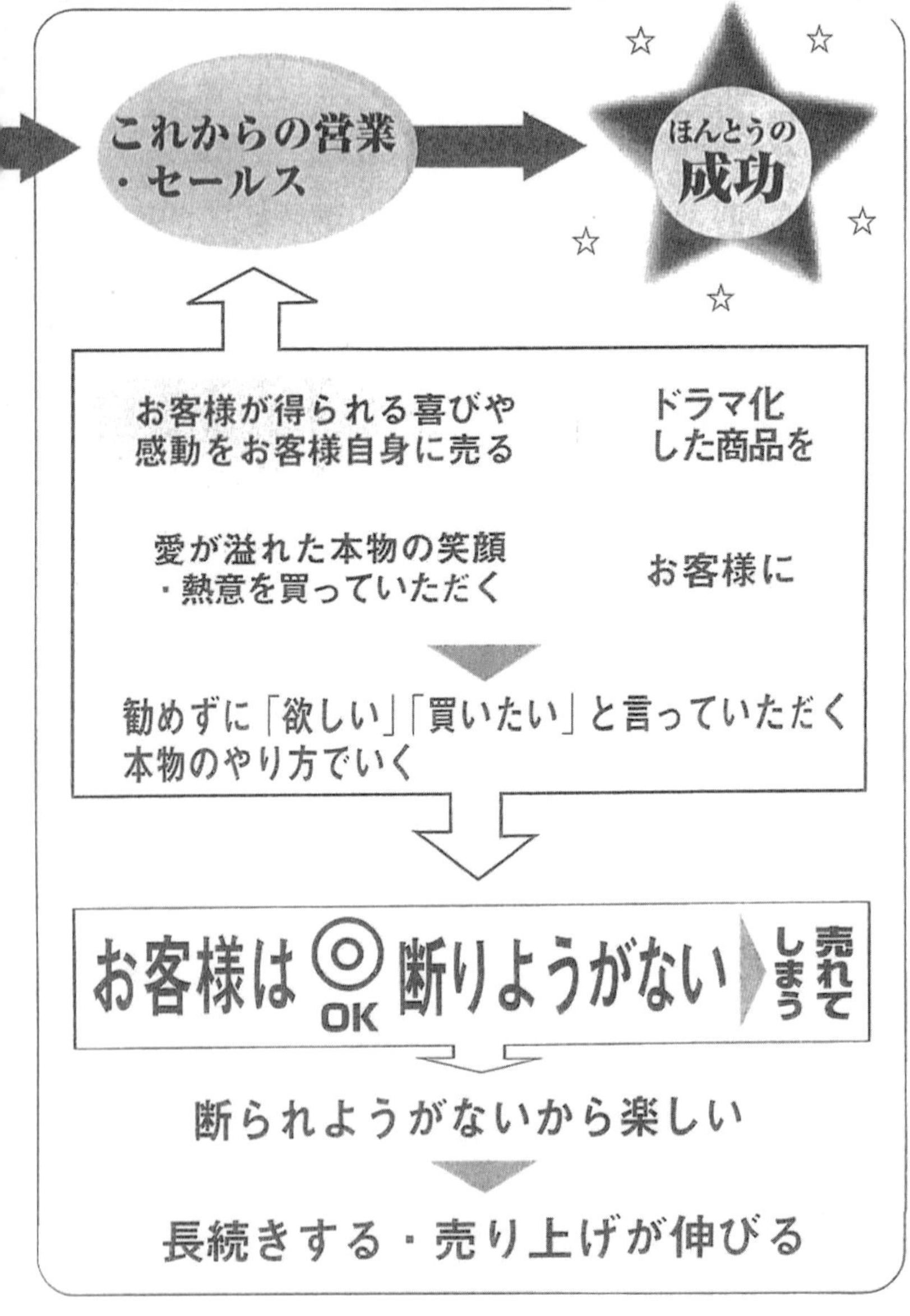

これからの営業・セールス
ほんとうの成功
お客様が得られる喜びや感動をお客様自身に売る
ドラマ化した商品を
愛が溢れた本物の笑顔・熱意を買っていただく
お客様に
勧めずに「欲しい」「買いたい」と言っていただく本物のやり方でいく
お客様は
OK
断りようがない
売れてしまう
断られようがないから楽しい
長続きする・売り上げが伸びる

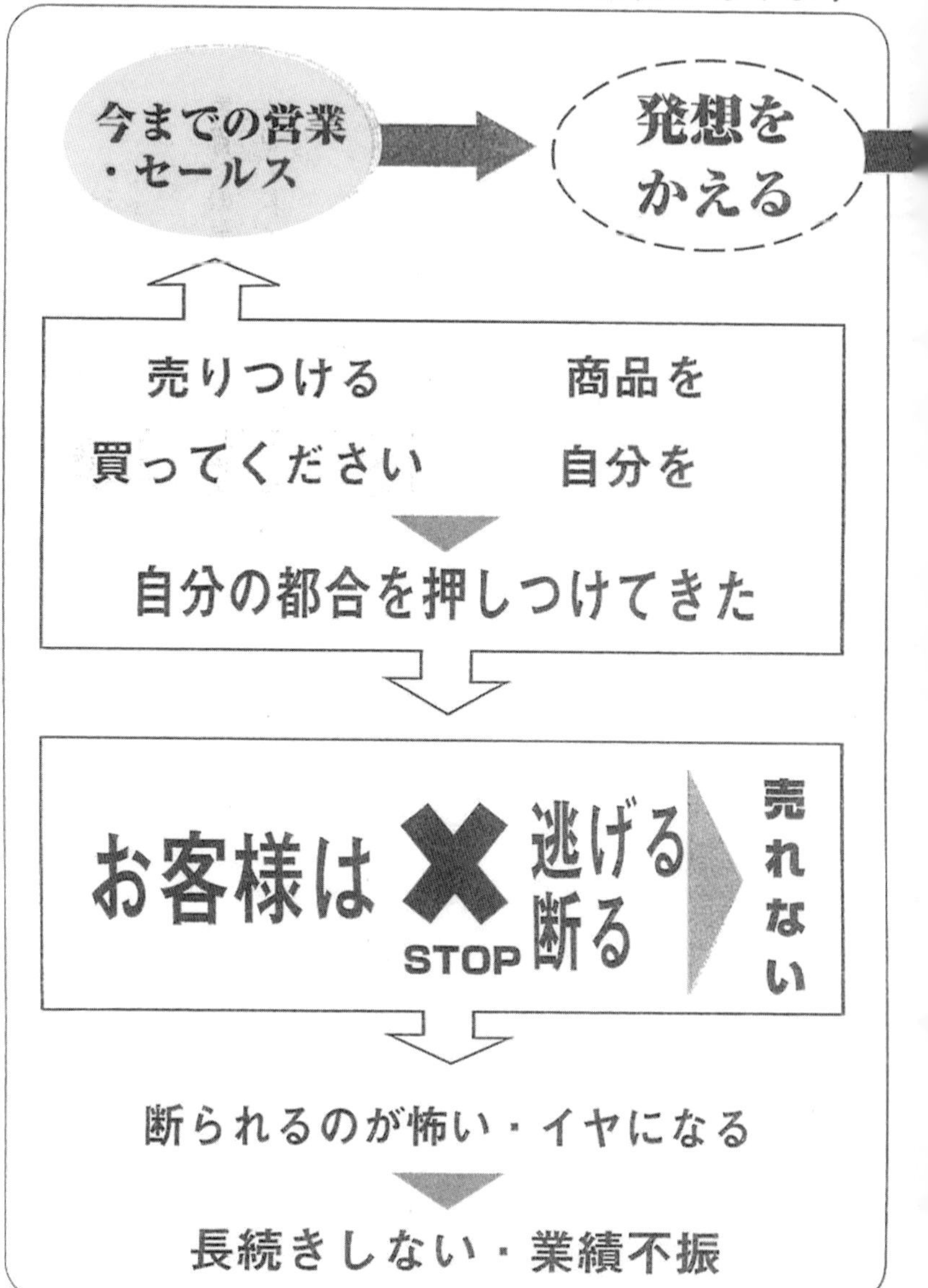
今までの営業
・セールス
発想を
かえる
売りつける
商品を
買ってください
自分を
自分の都合を押しつけてきた
お客様は
STOP
逃げる
断る
売れない
断られるのが怖い・イヤになる
長続きしない・業績不振

絶対にNOと言われない

「究極のセールス」

◆目次◆

PART 1

あらためてセールスの原点を見直そう

◆何のため、誰のためのセールスか？

CONTENTS

PART 2

誰も教えてくれない「0からできる」セールス

◆ベテランから、新人から、トップセールスになる

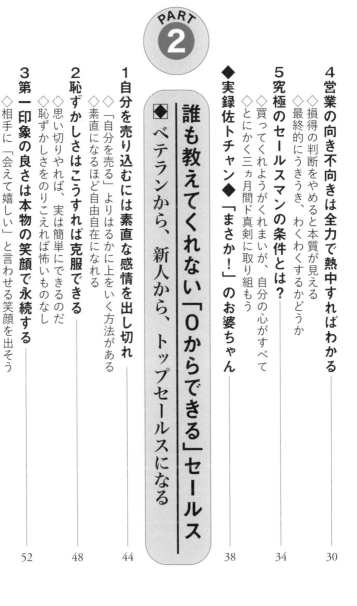

PART 3

売り込まずに「売れてしまう」やり方

◆地獄のセールスでいくか、極楽のセールスを楽しむか

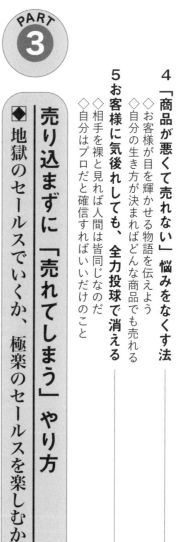

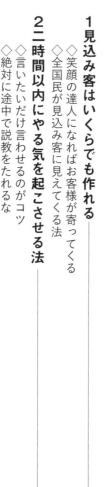

CONTENTS

PART 4

飛び込みこそ、一番やりやすいセールスだ

◆これを知ったら、セールスがやめられなくなる

CONTENTS

PART 5 断りのカベがウソのように消える法

◆わが辞書に「断られる」という言葉はない

PART 6

売りにくい商品でも売れてしまう法

◆常識にとらわれないほど、うまくいく

PART 7

百戦百勝のクロージング法

◆どんな障害も飛びこえる無敵のやり方がある

CONTENTS

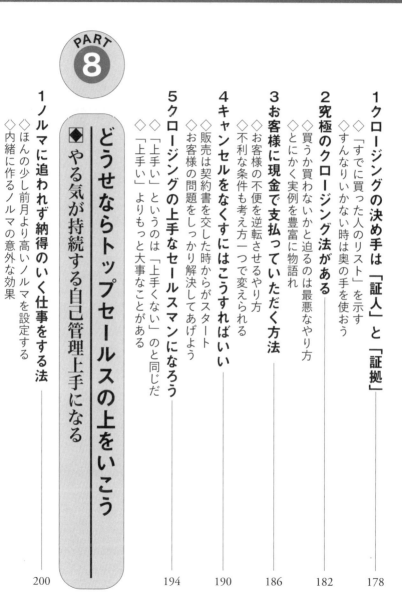

PART 1

あらためてセールスの原点を見直そう

何のため、誰のためのセールスか？

1 なぜ働くかの究極には愛しかない

●人間が自由を求める根底には愛がある

これは、是非一度、みなさんにも考えていただきたいテーマです。単純に考えれば、私たちが働くのはおカネを稼ぐためでしょう。給料を得るためですね。では、なぜ私たちはおカネが欲しいのでしょうか？

それは、おカネがないと不自由だからです。おカネがないと、ちゃんとした家にも住めないし、ご飯も食べられない。着たい服も着れないし、欲しいものも買えない。行きたい所へ行くこともできません。

つまりおカネを求めているのは、自由を求めているということです。

では、なぜ自由を得ようとするのでしょうか？

それは、自分や家族を愛しているからではないでしょうか。ゆとりをもって本当にやりたいことをやったり、人と交流したいからです。そして、家族にも安心して生活してもらいたいからなのです。子供には十分に教育を受けさせたい、親や妻には時にはプレゼントをしてあげたり、旅行に連れて行き、喜ばせてあげたいからです。

●「とにかく売れればいい」では大きく売れるはずがない

さらにもっと広げて、周りの多くの人たちに役立ち、喜んでもらいたいからなのです。

つまり自由を得ようとするのは、愛を与え、愛が欲しいからです。

私たちは自分も家族も会社も可愛いのです。人を愛したいし、愛されたいのです。

世の中の人々の役に立ちたいというのは、実は人間全てが持っている本能なのです。人間の本能は、愛を出すことだとも言えるのです。

人は何もしないではいられません。一つの部屋に閉じ込められて、「絶対に何もしてはいけません」と命令されたら、恐らく普通の人なら3日ともたないでしょう。

そのように考えると、仕事というものは全て、人に喜びや愛を与えるものだと言えます。愛や喜びが仕事につながると言ってもいいでしょう。

仕事というのは愛の表現されたカタチなのです。われわれがなぜ働いているのかについての究極の答えは、「愛を溢れさせたいから」なのです。

ここで問題になってくるのは、同じ愛を出すのならば、その愛を大きな単位に向けることが重要だということです。

自分だけを愛するのであれば、自分さえ良ければいいという利己的な考えになってしまいます。家族だけを愛するのであれば、隣の人と争いが起こる可能性があります。境界の垣根が一〇センチはみ出しているだけでいがみ合いになります。

自分の会社だけを愛していると、競合他社を攻撃して蹴落とそうとするかもしれません。また、わが日本だけを愛すると、他の国といろんな問題で摩擦が生じます。かつての日本は、愛国心がもとで戦争をしたわけですね。

ですから、全人類を愛することです。地球や宇宙という大きな単位で愛するのです。そうすれば全ては調和の方向に向かっていくのです。

仕事をするにしても、わが社を愛するがために、売り上げや利益を上げることだけを考えれば、少々消費者にとって害のあるものを生産しても、とにかくたくさん売れればいい、ということになってしまいます。

ゴルフ場を作るために、山を切り崩し森林を伐採して、大量に農薬を撒いても、一人でも多くお客様が呼べればいいということになってしまいます。こうやって多くの企業は、環境を破壊してでも、とにかく自分たちが潤うためにと企業活動をしてきたのです。

しかしこれからは、自分や家族や会社のためだけではなく、人類のため、世界のため、地球のために何ができるかを考えて働くことが重要になってきます。そして一人一人の愛を充満させることができれば、これほど働くことに充実感を持てることはないのです。

愛商事営業部の愛増一平《あいますいっぺい》（28）ですボクが働くのは愛をあふれさせるためなんですね！
営業・セールスに興味を抱いて…途中入社の三年目　夢はデカいが実績はイマイチ…いやイマニ？　ってとこ
営業スタッフの安藤夏《アンドーナツ》！　です自分の会社だけじゃなくて全人類・全地球を愛するのね
営業部長の四十万《しじま》五郎ですそれができればすべて調和の方向に向かっていくわけだ
いつもそれを忘れなければ働くことに深い充実感が持てるんだよ
通称「佐トチャン」
よーしお客様にボクの愛を伝えに行ってきまーす
ビュ〜ン
あいつ契約書忘れて！今日は米日産業様との契約なのに

❷ セールスマンにとっての成功とは何か？

●誰でも思いどおりの生き方はできる

セールスマンにとっての成功とは、多くの売上を上げることだと一般的には考えられていますが、私は必ずしもそれだけではないと思っています。もちろん人より多くの売上を上げることは、その側面だけを見れば成功には違いありません。

しかし、私はこの成功という概念について違ったとらえ方をしています。

私はこれからは全員が成功できる方法があると思っています。一〇〇人いれば一〇〇人全員が成功者になるということです。今までの概念では、世の中に成功者がいれば、その影には、その何倍もの敗残者がいると思われてきました。ハーバード大学のある研究チームの調査によると、世の中で成功者と呼べる人は三％だということです。つまり、たったの三％しか成功していないと言うのです。

ここでいう成功者とは、「自分の思いどおりの人生を送っている人」のことです。

私はこの成功の概念を、そろそろ根本から覆さないといけない時期にきていると考えています。一〇〇人いれば一〇〇人とも成功者になるというのは、こういった概念においては達成できないからです。

私の成功の概念とはこういうものです。

「自らの使命や役割を知って、それを全うすること」

そして、これができた人が成功者です。

この使命とか役割というものは、実は必ず誰にでも与えられているものなのです。

人には何のために生まれて、何をやって死んでいくのかが必ずあるのです。

カネや勲章や土地や家屋といった、カタチを残すためではないはずです。

今の不況はそういう意味で、成功に対する概念や価値観を変えるチャンスだと思います。

●自分を成長させる喜びは無限だ

もう一つは、自分自身を成長させることが、セールスマンにとっての成功であると思います。私は、セールスの世界に飛び込んでまだ新米の頃から、セールスでの売上よりも、自分が成長することに焦点を当ててきました。宝石のセールスをやっていた時でも、わざと売りづらい商品を持って、しかも売りづらい地域ばかりを選んで営業していました。

私は常時トップセールスを続けていましたから、何もそんなことをする必要がなかったのかもしれませんが、あくまでもセールスの目的は自分自身を成長させるためでしたから、あえてそんなことをやったのです。

どうせなら一番売りづらい所へと思い、真冬にわざわざ日本の最北端である北海道の稚内に売りにいったこともあります。

それでも最初に飛び込んだお宅で、おばあさんから「遠くから、こんな寒い所によく来たねえ」と言われて家の中に上げてもらい、随分と世間話をしたのを覚えています。

そのおばあさんからいくつか商品を買ってもらったのを皮切りに、たくさん紹介ももらって、気がついてみたら、やっぱり社内でナンバーワンの売上を上げていました。

私はとにかく、昨日よりも今日は一歩成長しようと心がけました。些細なことでも構いません。**昨日の自分とはここが成長したなと言える何かを毎日作ることだと思います。**

その繰り返しこそが成功なのではないでしょうか。

昨日は、断られたらカッと頭にきていたのに、今日はもう頭にこなくなった。お腹が痛かったのにいい笑顔が出るようになった。お客様との商談の中でも、昨日まではここまでは言えなかったことを、今日は一歩突っ込んで言えるようになった。

そういうことの積み重ねなのです。

一流のセールスマンには、一夜にしてなれるものではないのです。こういった毎日毎日の積み重ねが、いずれは大きな力となっていくのです。

セールスマンにとっての成功とは何か……佐藤康行は三日間徹底的に考え続けました
自分は何をやるために生まれ死んでいくのだろう……
何が欲しくて働いているのか…お金？　地位？それとも……
三日目に突然！
そーか！
ビョン
たくさんの人に喜びを与える人になりたいんだ
「心の学校」を作ろう！
どう生きたら自分が死ぬ時に後悔しないか根本的なことを先に考えることが大事なんだ
仕事と人生の使命とは別物一度仕事をはずして自分らしい生き方を考えてみよう
人生の使命
仕事

❸ トップセールスのマネより、感動セールスだ

●自分のスタイルを確立するのが一番

よくあるケースに、もっといい成績を残そうとして、社内で一番売上を上げている人のマネをする人がいます。もちろんマネをすることは、悪いことではありません。いいところは大いに盗んでいけばいいのです。しかし、人のマネをしても決してその人と同じにはなれないということを自覚することです。

私は誰のマネもしませんでした。あなたはあなたでしかないのです。最終的にはあなた自身を知って、あなたのやり方でやらないといけないのです。あなたは世界で一人しかいないユニークな存在なのですから、いち早く自分のスタイルを確立した方がいいのです。

その上で人のマネをするのならば、大いに効果があると思います。あくまでもマネをする時は、自分らしさを引き出すためにやることです。

その人を呼び水として、より自分らしさを発揮するためにマネをするのです。

そうではなくて、ただ表面的なカタチや話し方をマネをするだけでは、決してあなたら

しさは出ませんし、あなたのものにはなりませんから内容も伴ってこないでしょう。

ですから、うまくいかなくて当たり前です。

チューリップがバラのように咲こうと思っても、絶対バラにはならないですよね。

無理矢理、バラになろうとしたら、なれない分苦しんだり悩んだりするだけです。

そうではなくて、バラが見事に咲いていたら、その姿を見て、自分はチューリップとして最高の咲き方で咲こうとすればいいのです。

自分は自分らしい咲き方をすることです。誰か他の人の咲き方をしようとすると、ぎこちなくなり、挙句の果ては、そのようにはなれないことに落胆してしまうのです。

これはニセモノの生き方です。これからは本物の生き方をしようと言いたいのです。

あなたは、誰もあなたの代わりはできない貴重な存在です。自分にしかない自分らしさで勝負していきましょう。そうすればそれは偽らないあなた自身ですから、絶対にボロが出ることはありません。後はあなたの本当の姿がバレればバレるほど、あなたの良さがにじみ出てくるように自分を磨いておくことです。

●テクニックだけではお客様は動かない

健康食品の販売をしている30代のセールスレディーから、こんな質問を受けました。

「よく売れている上司のセールストークを一生懸命覚えて、自分でもその通り話しているんですが、なぜか全然お客様に伝わらないんです。どうすればいいのか……。」

彼女がセールストークにばかり気を取られて、お客様に伝えようという気持ちが弱いことが、私には痛いほどわかりました。

「まずはあなた自身が、形はどうあれ本当にお客様に伝えたいんだという気持ちを強く持つことですよ」

彼女には、セールスに最も大切な熱意が欠けていました。上司のマネをしてセールストークを盗もうと努力したのはいいんですが、テクニックだけではお客様は動きません。

ですから、上司と全く同じことをお客様に言っても、伝わり方も違えば、結果も同じにはなりません。おそらくお客様は彼女のトークに不自然さを感じたことでしょう。

私は、極端に言えば、セールスは言葉の話せない言語障害の人でもできると思っています。**言葉が話せなくても、お客様に感動を伝えようと全身を使って表現すれば、必ず伝わるものだと100%確信しています。**

それこそ涙がボロボロ出るくらいの気持ちでお客様に接すれば、どれだけ話し方が下手でも、必ずお客様を動かすことができるはずです。決してテクニックではないのです。

ですから、人のマネをするのではなく、あくまでも堂々と自分らしく、情熱を持って立ち向かってもらいたいものです。

そーなんですよ チューリップの ボクがどんなに 努力しても バラのように 咲くことは できないんですよ
わかったぞー テクニックや人の マネをしても お客様は動かない お客様に ボクの愛と情熱を 伝えることが 大事なんだ!
カタログOK サンプルOK よし行くぞ!
行ってきまーす
す すいませ〜ん サイフ 忘れちゃって…

4 営業の向き不向きは全力で熱中すればわかる

●損得の判断をやめると本質が見える

やはり、営業の仕事にも、向き不向きはあるでしょう。

人には大きく分けて二つのタイプがあります。一つは人間を相手にした方が力が出るタイプ。もう一つはモノを相手にした方が力が出るタイプです。

人間の場合は心がコロコロ変わるし、突然何を言い出すかわからないところがあります。「絶対にこれは1ミリも曲げちゃ困る」と言うような人は、モノを相手にした方がいいかもしれません。

しかし、深い意味でとらえると、私はすべての人が営業マンであると思います。直接的に人を相手にするか、間接的に人を相手にするかだけの違いなのです。

いずれにしても、人の心を動かすという点では共通しているのです。

技術者はモノを通じて、コックは料理を通じて、画家は絵を通じて、経理マンは数字を通じて、人の心を動かしているのです。

モノや料理自体には感情がありませんから、作る人の感情が直接反映されます。愛情を込めれば込めるほど素晴らしいモノができあがります。

しかし、人が相手の場合はそれぞれに感情がありますから複雑になってきます。

ですから、こちら側の感情が直接反映されるとは必ずしも言えないわけです。

モノを相手にする仕事では、自分の心を知らなければなりませんが、営業のように人を直接相手にする仕事では、対人関係の心理を知らなければいけません。

野球やサッカーのように、直接人間を相手にするスポーツと、ゴルフや射撃のようにモノを相手にするスポーツがあります。これも向き不向きがあるでしょう。

では、どうしたら向き不向きがわかるでしょうか？　あるいはどんな仕事に向いているのかわかるのでしょうか？

それには、目先の損得で判断しないことです。給料がいいとか、世間体がいいとか、ステータスが高いといった表面的なことにとらわれ出すと、本当に自分には何が向いているのかがわからなくなってきます。

●最終的にうきうき、わくわくするかどうか

一度周りの言葉や常識などを無視して、本当に自分は何のためにこの世に生まれてきたんだろうかということを、深く追求してみることが必要なのです。ただ考えてもわからな

いかもしれませんから、これを見つけるヒントをいくつか差し上げます。

一つは、現在あなたがやっていることにあるかもしれません。その中で無意識に熱中しているものが天職であることも多いのです。

私は、たった一日で人相まで変えるセミナーをやっています。

よくよく考えたら、二〇歳そこそこの時に、やる気のない愚痴ばかり言っている部下たちを、わずか二時間足らずですっかりやる気にさせていました。それが天職だったということには、四〇歳近くになって初めてわかったのです……。

ですから、自分がこうなりたいとか思っていることと、現にやっていることとは別に考えた方がいいのです。ごく自然にやっていることを振り返ってみると、その中に天職が潜んでいるかもしれないのです。

もう一つの方法は、向いていないかもしれないなと思ったら、逆にそのことに一度がむしゃらに取り組んでみるのです。とにかく全力で熱中してみるのです。そうすれば、自ずと答えは見えてきます。中途半端だとわからないし、後で後悔することにもなります。

そして本当に夢中でやっても疲れたり、悩みが増えたりするようなら、早めにやめた方がいいでしょう。本当に向いていたら、細胞が喜ぶはずです。細胞が喜ぶとイキイキワクワクしてきます。そしてやればやるほど疲れないし、悩みもなくなります。

何？
営業に向いていないような気がする？
わかった
だがまず三ヵ月間
がむしゃらに熱中
してやってみろ
中途半端はダメだ
全力でやるんだ
それからというもの
こんにちはーっ
気がつくと
一日が二日…十日…
一ヵ月に…
今じゃ
お客様に
会えるから
ウキウキ
ワクワクッ

5 究極のセールスマンの条件とは？

●買ってくれようがくれまいが、自分の心がすべて

どんな業界でも、どんな時代でも、どこに行っても通用する究極のセールスマンの条件はズバリ、次の三点を満たしていることだと私は確信しています。

1・愛が溢れ出ている人

1・すべてを愛せる人

1・神と一体の人

自分そのものから愛が溢れ出ていない人が、モノを売ったらどうなるかというと、単なる自己愛のために人にモノを売りつけることになってしまいます。生活の必要上やるけれど、そこにお客様が存在しなくなります。社会や人類のためになることを考えていないのです。例え人をだましても、自分さえ儲かればいいという考えになってきます。

人の喜びを自分の喜びとするのか、自分の喜びのために儲けや都合だけを追及するのか、大きく分けて二つしかないのです。

そして、ある特定の人だけ愛するのではダメなのです。買ってくれる人は愛するけれど、買ってくれない人は愛さないというのは、全部自分の都合から出てくる心です。

そうではなくてそれを全部超越して、すべての人を愛せる心を持っているか。今この場で買ってくれようがくれまいが、愛していることは変わらないと思えるかどうかです。

そしてこういった心になれば、その心に見合った商品が現れてくるのです。それに見合った会社を選ぶようになり、それに見合った売り方ができるようになるのです。

ですから、あなたの心そのものがすべてのもとなのです。

営業成績が上がっている時とか、お客様から大口の契約を受注した時だけ愛が溢れていても、成績が思うように伸びなくなったり、契約をキャンセルされると、お客様を愛せなくなったりするようでは、究極のセールスマンとは言えません。

どんな状況でも、前記の三点を満たしていることが究極のセールスマンの条件です。

●とにかく三ヵ月間ド真剣に取り組もう

先日、美顔器の販売をしているという二三歳のハンサムな若者が私を訪ねてきました。

「この仕事に携わって数ヵ月になるんですが、どうしても思うように商品が売れないんです。手数料もわずかしか入らないので何とかしたいんですけど……ボクに何が足りないんでしょうか？」

様子を見て、彼が本当に力を出し切っていないことがわかったので、私は答えました。

「同じセールスをやるんでも、一生という命の単位でやるんですよ。それから、本当の自分の使命を持って、人生はこう生き切るんだという大きな観点でとらえるんです。そして、社会のため、人類のためという気持ちで商品を扱い、セールスをするんですよ」

時間的には人生、空間的には人類とか社会のためという大きな単位でとらえることです。単に自分の生活のためとか、会社のためというのではなく、もっと大きな単位で物事を考えた上で仕事に取り組むことがどうしても必要なのです。**自分は一生涯かけて何をやるべきかを知り、そこから今何をやらなければいけないかを考えるんです。**

ここからスタートすると、先の三つの条件をいつも満たす心になるのです。

「そのために仕事をやると、全く違ったエネルギーが出てくるんですよ！」

私の話を聞いているうちに、彼の目の色が変わってきました。自分に最も欠けていたものが何なのかに、おぼろげながら気がついた様子でした。

「とにかく明日から三ヵ月間ド真剣に取り組んでごらんなさい。それでも結果が出なかったら、その時にこれは向いてないなって、他のことを考えればいいんですよ」

彼の表情は、入ってきた時とはまるで別人のようにすっきりしていました。きっと明日からは今までとは一味も二味も違ったセールス活動を展開できるに違いありません。

どんな時代でも通用する究極のセールスマンの条件とは？
1愛があふれ出ている人
相手の立場に立つ
太陽の明るさ
粘り強さ
誠実
人なつっこさ

2すべてを愛せる人

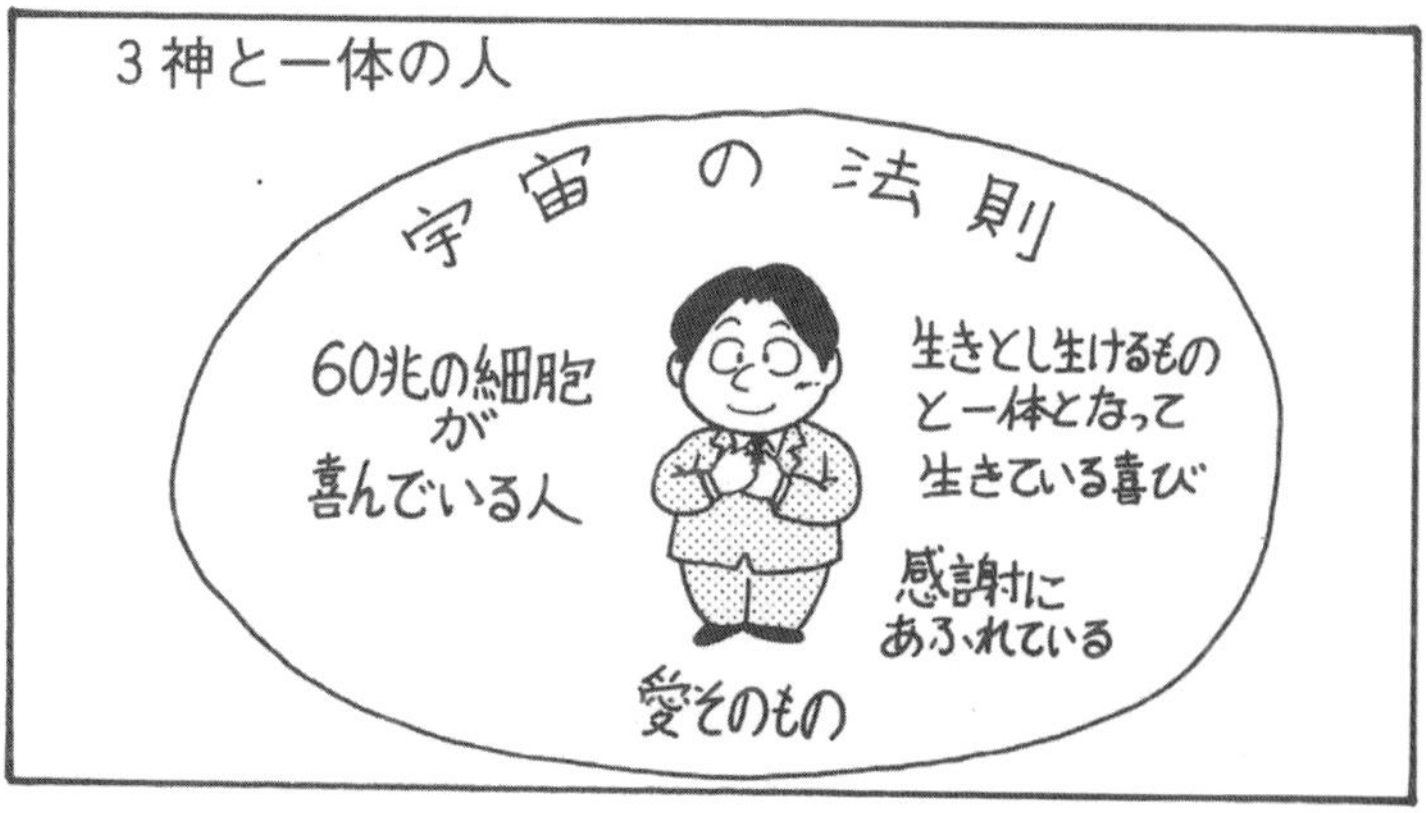
3神と一体の人
宇宙の法則
60兆の細胞が喜んでいる人
生きとし生けるものと一体となって生きている喜び
感謝にあふれている
愛そのもの

◆実録佐トチャン◆「まさか！」のお婆ちゃん

それは宝石のセールスをしていた時
病院
なかなか会っていただけなかった院長夫人にようやくのこと…
いいでしょお入りなさい
奥様この石のこの色……
ちょっとお待ちになって
ス！
120万で買ったの同じ値段で売ってきてくださらない？
ひ 人の宝石を売ってるヒマなんか
売りましょう一週間以内に！
ピイー…
ど どーしよー
い いやいややってやる

お値打ちですよ
娘さんお孫さんと奥様の心が受け継がれていくんです
三日後
奥様
売れましたっ
よくやったわね！
あなたのような人はじめてよ
みんなビビッて逃げ出すのに気に入ったわ
いい人紹介してあげるって言ってくださったのはありがたいけど……
差巣世荘
これって……

こんにちは
おばあちゃ……
……ん……
この人が……
いい人……？
はい
こんにちは
ずずー
宝石？
ああ
あの奥様から
聞いてるよ
二つほど
もらおうか
ふ
二つ
ほど？
ゴツ
まいったな
ハハ……
前金
これだけで
足りる
かしら
ドサ
実はこの方宝石好きの
大変な資産家
なのでありました
結局一年で
千八百万円も
買っていただき
さらに……
あんた
気に入った
五人紹介
しよ

あの時
言わなくてよかった
奥さま
それはムリ…
優先順位
1.自己の成長
2.目先の売上
売ります
私は難題を
持ちかけられるほど
ズシ
無理
難題
なにくそー
と燃える
性格なのです
私が主宰する
「真我開発講座」に
問題をかかえた
方々が見えますが
どんな問題
でもいい?
もちろん!
そういう方々が
来れば来るほど
バイタリティーが
あふれてきます
問題・バナナが十本
ありました ボクが
四本食べたら
残りは何本?
でもボク バナナ
嫌いなんだ
ヨロ
き、きみね…
算数

PART 2

誰も教えてくれない「0からできる」セールス

ベテランから、新人から、トップセールスになる

1 自分を売り込むには素直な感情を出し切れ

●「自分を売る」よりはるかに上をいく方法がある

セールスのノウハウ本には、よく「自分を売り込め」と書いてあります。セールスマンにとって商品を売り込むのは一番の初歩です。それと比べると確かに自分を売り込むのは一歩進んでいると言えます。いわば中級といったところでしょうか。しかし、よく考えてみてください。本当に自分を売り込むことが良い方法でしょうか？お客様からすれば、セールスマンがよほど美男子か美女でもない限り、誰も最初から「あなたを買いますよ」とは普通は思わないでしょう。

実は、「自分を売る」ということよりも、ずっと上級の方法があるのです。

それは、お客様にお客様自身を売り込むということです。これが最上級なのです。

どんな人も、最も関心があることは自分自身のことです。みんな自分のことが一番気になるのです。集合写真を見るにしても、最初に探すのはやっぱり自分の顔です。

ですから、お客様にお客様の話をすれば、絶対に飽きないで、いつまでもあなたの話を聞いてくれるのです。

お客様を売り込むためには、まずはお客様のことに興味を持て、ということです。自分に興味を持ってくれる人を、人は絶対に嫌いにはなりません。会うごとに、自分に興味を持ってくれている人に興味を持ち始めます。やがて、その人の扱っている商品にも興味を持ち始めるのです。

ですから、お客様にお客様を売り込んでいるうちに、結局はこちらの扱っている商品にも関心を持ってもらうことができ、結果として売れるようにもなるのです。

どんな仕事もやはり人間関係が基本です。人間関係の基本はお互いに興味を持つことから始まります。では、お客様にお客様を売り込むためのポイントは何でしょうか。

一番のポイントは、ウソやお世辞を言わないことです。相手の素晴らしいところを発見して、それを正直に言ってあげることです。お世辞はその内に必ずバレます。

「今日は顔色が良いですね」「それ、すごくいい服ですね。とても似合ってますよ」

本当に思ったことならば、感情を込めて言えるはずです。本当のことを誠心誠意、情熱を持って言うのです。

●素直になるほど自由自在になれる

お客様の良いところを的確にいかに素早く発見するか。その能力を磨く必要はあります。

これは見たり感じたりする能力で、五感をフルに動員する必要があります。いわば、感性を磨くことがポイントです。これは考える能力とは異なります。

感性とは、相手の求めていることを感じる能力と言い換えてもいいでしょう。

感性と言うと、「私は感性が鈍いから」と言う人がいるかもしれません。

確かに、感性は才能もあるかもしれませんが、私は感性の本質は愛から来ると思っています。相手のことを愛することができれば、自然と感性は磨かれてくるのです。

それに大袈裟に考えなくても、例えば相手が「背中が痒《かゆ》い」と言ったら、背中をかいてあげればいいのです。それは決して才能とは言わないはずです。

どこが痒いのかを当てるのは才能かもしれませんが、「どこが痒いですか」と聞いてしまえば、後はそこをかいてあげるだけですから、誰にでもできるのです。

要するに相手の求めていることを感じる心さえあれば、お客様にお客様自身を売り込むことはできるのです。

その意味では素直な感性が一番必要です。

素直になればなるほど、何でも自由自在にできるようになります。わからないことは「教えてください」と言えばいいだけですから。そして、そういう人には誰でも教えたくなるから、いろいろ教えてくれるのです。決して自分を売り込むことではないのです。

初級：商品を売る
自分を売るよりはるか上をいく方法
とは？
見てくださいこの使い勝手の良さ…
新製品の特長あれこれ
中級：自分を売る
なにしろ私は時間は守るし義理がたい！謹厳実直
最上級：お客様にお客様自身を売る
宝石はもちろんですがそれ以上に輝くのは奥様の心というか奥様自身なんですよ
まあ

2 恥ずかしさはこうすれば克服できる

●思い切りやれば、実は簡単にできるのだ

一流の営業マンになるためには、恥じ、見栄、照れ、人がどう思うかということをどうしても克服しなければなりません。それらを克服するためには、恥ずかしいと思うことに、思いきってチャレンジしてみることです。

私は、部下を育てる時に、恥ずかしさを取り除かせるために、いろんなことをやらせました。

電車の中で、向かいに女子高生のグループが座っていたら、「このみかんを一粒ずつあの女の子たちに食べさせて来い。それができたら一人に付き五百円あげるから」と命じました。

彼らは最初はいやがっていましたが、私が絶対にやらせるので、仕方なく女の子たちの所へ行きました。

「すみません。今あの人とこのみかんを食べてもらえるかどうかを賭けてるんですけど、

どうか食べてください……」

と言って、本当に食べさせてきました。

また、スルメをかじりながら一杯飲んでいたおじさんから、スルメを一本つまんで食べてくるように言ったこともありました。

歩いている時に突然「これからこの家に飛び込め！　どんなことがあっても一五分以内に出てくるな」と言って時計を見ながら玄関で待っていたことも何度かありました。

「一五分間出てくるな」と私から命令されていますから、彼らも必死でやりました。

また、喫茶店で、突然立ち上がり、自己紹介をさせたり、居酒屋で、他のお客様のところに行って、いきなり「やあー！」と大声で握手させたりもしました。

これは面白いもので、大概相手も「やあー」とつられてニコニコしながら握手をしてくれました。

これで見込み客をたくさん作りました。

●恥ずかしさをのりこえれば怖いものなし

それから、「千円アルバイト」という訓練もありました。これは、どこかの店にいきなり入り、何かアルバイトをやらせてもらい、千円もらってくるという訓練でした。

まだ肌寒い二月のある夜、私たちは出張先の伊豆熱川で、この訓練を始めました。

私は、午前三時頃、一軒の小さなラーメン屋に飛び込みます。店長らしき人が一人で働いていました。

「すみません、今アルバイトをやって千円もらってくるという訓練をしているところなんですけど、何か仕事ないでしょうか？」

「いや何もないよ。全部後片付けをして、もう帰るところだから……」

「じゃあ、これから私は五分間話をしますから、それで面白いと思ったらもう一時間聞いてください。五分間は見本ですから、その五分が面白くないと思ったら、そう言ってください。すぐ帰りますから」と言いました。

そこで私は、北海道から出てきて、皿洗いから始まって、こうやってセールスをしている自分の話をしました。五分たって「どうですか？」と聞くと、「もっと話してよ」と言うので「終わったら千円いただいてもいいですね」と言って話を続けました。

こうやって私は夜中の三時に、たった一人の人を相手に講演をやったのです。

全力で話し終えると、その店長は感動して、何と一万円を私に払おうとしたのです。

この時私は、**「ああ、オレは何をやっても食っていけるな」と確信できました。**

私はこうして、自分自身や部下たちの恥ずかしさや見栄を打ち破っていきました。

ぜひみなさんもいろいろと挑戦してみて、自分を成長させていってください。

初めて入った喫茶店でいきなり自己紹介
あっ愛増ですっ
生年月日は…と
東京！
出身地は…
三月三日！
よくやったぞ
部長もやんなきゃ不公平ですよ
じゃ私は千円バイトやってくる
中
中華
ピシャ
だっ
逃げろ
わーん
なんでハチがー
知らんよー

③ 第一印象の良さは本物の笑顔で永続する

●相手に「会えて嬉しい」と言わせる笑顔を出そう

第一印象が良いのに、その後、評価が徐々に下がってしまう人が結構いるようです。それは作り笑いをしているからです。

作り笑いというのは本物じゃないのです。営業笑いと言って、自己中心的な笑いです。お客様にいい印象を与えて、品物を買ってもらおうとするしたたかな笑いなのです。だから、お客様の前では笑顔でも、少し離れればすぐに疲れて仏頂面になります。

もし、心から喜びで、全身の細胞が喜んで笑っていたら、誰に対しても二四時間本当の笑顔でいられるはずです。そうしたら後から評価が下がるはずなどありません。

仏頂面の方がいいなんて人は、世の中にはいません。第一印象が良くて、会えば会うほど印象が良くなればいいのです。本当の笑顔には、触れれば触れるほど嬉しくなります。

本物のダイヤモンドは、近くで見れば見るほど、その輝きや素晴らしさがわかります。本物のダイヤモンドは、お客様に近くで何度も見てもらった方がいいのです。

逆に、ニセモノのダイヤモンドは、あまり近くで何度も見てもらったら困るのです。だから、ニセモノの笑顔じゃなくて、本物の笑顔で接しましょう。

●本当の自分を出せば、最高の笑顔が出る

そのためには自分自身が本物になるということです。

相手を説得してやろう、売り込もうという魂胆があると笑顔はいやらしくなります。そういう笑顔を作ってセールスしても、本物の時代になれば消えていくでしょう。

本物の笑顔になると「あなたの顔を見ていると、こっちまで嬉しくなっちゃうわね」「何だか寝ぼけ眼なのに素敵ね」と言われるようになるのです。「そうは言っても、私にはなかなかそんなふうにはできません」と言われるかもしれません。

ここでみなさんが「私には」という時の「私」について説明しましょう。私が言っている「私」のとらえ方と一般的にみなさんが言っているそれとは違うからです。

実は「私（自分）」は三層構造になっているのです。

「私はこういう考えを持っています」という時の「私」とは一番表面的な部分です。これは誰かの影響を受けて、後から頭に入れた考えや知識のことを指しています。「人を愛しましょう」「プラス思考になりましょう」という教えや考え方も一番表面的な部分です。

その奥にあるのは、生まれ育った環境と、遺伝子に組み込まれた記憶によって形成され

た「私」です。仏教ではこれを「業《ごう》」と呼んでいます。頭では「人を愛さなければ」ということはわかっていても、どうしてもできないのは、この業があるからです。「心」と言い換えることもできます。

そしてさらにその奥にあるのが、「真我」と呼ばれる「本当の私」です。

この「真我」とは愛そのものでできていて、本当に非の打ち所のない素晴らしく完璧な自分自身のことです。この「真我」は一人の例外なくみなさんの内側にあります。

私が言いたいのは、この「真我」を自覚して「真我」を出すことだということです。いわばお客様の前に行って「笑顔を作ろう」などと思わなくても、自然と最高の笑顔が出るようになる世界です。

「人を愛しましょう」「プラス思考になりましょう」と盛んに言われますが、本当は全く効果がないと言ってもいいのです。

なぜか。本当に愛に溢れている人は、人を愛する努力をする必要がないはずです。本当にプラスの塊のような人は、プラス思考になる努力はしないものです。

ニセモノだから努力がいるのです。頭で学んだものはニセモノだと思った方がいいのです。そろそろ私たちはそういうニセモノを捨て去って、本物の自分を発揮していく時だと思います。そうすれば、お客様に接しても最初から最後まで完璧でいられるのです。

第一印象は良いのに後で評価が落ちてしまって…
こりゃまたすと～んと落ちましたねえ…
それはね仮面をかぶった作り笑いだからですよ
「三層構造の私」の「真我」の私を出しましょう
「私はこういう考えを持っています」の私
「心」「業」の私
「真我」の私
「真我」の自分を出して本物になるんですね！
あ
ヒュ
一平君本物もいいけど足元しっかり見なきゃ…

4 「商品が悪くて売れない」悩みをなくす法

●お客様が目を輝かせる物語を伝えよう

「良い商品なら売れるんですけど、ウチで扱っている商品はいいものがないので売れないんです。それでも売れる方法がありますか？」というのも、非常に多い悩みですね。

そういう場合はまず、モノを売ることを一番にしないで、自分が成長することを一番に考えたらいいでしょう。私は昔、わざわざ売りづらい商品を、おまけに売りづらい地域に持って行ってセールスしました。

宝石のセールスをやっていた時も、会社の商品のうち他のセールスマンたちはこぞっていい商品を持っていくのですが、私は後ろでじっと見ていて、一番最後に残った商品だけを持って行きました。いわば「カス」とみんなが思っているような商品ばかりです。

それでも私はいつもみんなの三〜四倍の売上を上げていました。

実はみんなが持っていったのは、あくまでもみんなの好みであって、お客様の好みとは違うんです。私は残った商品一つ一つにドラマを作り上げました。

「この宝石は何億年もかかってできるものなんですよ。そしてこれ一つ掘り出すのに山一つ崩さないといけないんですよ。世界中探しても同じものはどこにもない、あなただけのものなんですよ。それにこれはあなたの娘さん、お孫さんと代々残していけるんですよ。モノではなく、お母さん、あなたの愛を残すのです。これが娘さんの手に渡り、『あっ、きれいな指輪ね』と言われた時『これ、お母さんの形見なの』と、そのたびにお母さんの思い出が蘇ってくるじゃないですか。叱られたこと、褒められたこと……じっと眺めているとお母さんの顔が出てきて、涙がポロポロ出てくることもあるんですよ。宝石はお母さんの愛そのものなんです。おカネは使えばなくなりますが、宝石は永久に代々残っていくものです。洋服や着物は何代も着てくれませんよ。指輪はずっと残っていくんです。そんなもの他にありますか？　目の前のものは全て消えていきます。その点、宝石は何百年後にも残るんですよ。あなたの命が何百年後にも残るかも知れないんですよ」

というように、ストーリーをイキイキと情景が浮かぶように作り上げていきました。

実際、お客様はわかっているようでも、そんなに商品のことは詳しくないのです。どの商品が本当にいいとか、値打ちがあるとか、そうそうわかっていないものです。

それぞれにドラマを作って、喜びを売ってやればそれで商品は光ってくるのです。だから、話をしているうちに「ああそうか、それがいいのか」というふうになってきます。

●自分の生き方が決まればどんな商品でも売れる

もし売りづらい商品を売らなければならないとしたら、それだけ自分を強く鍛えてくれるありがたい商品だと思えばいいんです。重いバーベルは筋肉をつけてくれます。お陰で自分は強くなれるし、鍛えられる。痛みを乗り越えることで、人の痛みや苦しみもわかるようになるし、人間としてのスケールもその分大きくなれる。

そのように考えると、すべていいことになります。受け止め方が本当に大事なんです。

今私がこうやって自由に話ができるのも、一枚一枚そうやって乗り越えて、一枚一枚皮をむいていっているからなんです。天才だって突然天才になるのではないのです。

一枚一枚皮をむいていくうちに、自由自在になっていくのです。

それにはどうしても自分自身の生きる使命や役割、生き方をビシッと確立するのが絶対大切です。これがあれば、自信や余裕を持って、目先の数字に追われず、また人の言うことに振り回されなくなるのです。

人間として何をやらなければならないのか。どう生きなければならないか。自分の仕事を通じて自分を高め、人に喜んでもらい社会に役立つ。人生を全うして死ぬ時に、心から**「何て素晴らしい人生だったんだろう、悔いはない」と言って死ねるような毎日毎日を展開するのです。**そう考えると、生き方も真剣度も変わり、喜びも変わってきます。

いい商品じゃないんで売りにくいんです
全然ダメかい？
全然ダメです
なんてラッキー！
それだけ君を強く鍛えてくれる商品てことだ
君がこれほど大きく成長できる商品は他にないんだよ
そーか！
もう一度営業行ってきまーす
あの～
はいおサイフ

5 お客様に気後れしても、全力投球で消える

●相手を裸と見れば人間は皆同じなのだ

相手が偉い人だと気後れするとよく言います。

そもそも、われわれは何を以って偉いと言っているのでしょうか。

気後れとは、私に言わせれば、今までの「物質文明の病気」が残っているということです。どういうことかというと、人を地位や名誉や財産、それに外見とか、立派な服を着ているといったカタチで判断するクセがついてしまっているということです。

その人本来のものではなく、後から付け加えられたものを人間の価値と思ってしまっているのです。

私たちは長年、モノをたくさん持てば豊かになれると思い、多くのモノを求めてきました。ですからいつの間にか、モノをたくさん持っている人が偉い人だという価値観に苛《さいな》まれているのです。

これを私は「物質文明の病気」と呼んでいます。

肩書きや地位は後から付け加えられたものに過ぎません。そこを見るのではなく、一人の人間として、相手と会話をすればいいのです。

どんなに社会的にステータスのある人でも、もともと同じ人間であることには何ら変わりはありません。心臓も肺もみんな同じような仕組みになっていて、同じように動いているではありませんか。裸になればみんな同じ形をしています。

ですから、みんな同じ人間なんだというところから見ていけばいいのです。

もちろん、礼儀・礼節は無視するものではありません。いかなる人に対しても礼儀は尽くした方がいいのです。その上で、同じ人間として接するということです。船が沈む時は、地位も名誉も関係ありません。それぞれが一つの命に過ぎなくなります。

そういう観点で人と接していくのです。人間としての部分に語りかけていった時に、その得体のしれない「偉い」という幻覚に押し潰されなくてすむようになるのです。

●自分はプロだと確信すればいいだけのこと

そして、個々の扱っている商品に対しては、自分がプロだということをしっかりと自覚をすることです。

その意味では決して相手に負けていないはずです。あなたがもし保険のセールスマンならば、例え相手が大臣であろうと、保険の知識に関してはあなたの方がずっと上のはずです。相手と同じことをやりに行くわけではないのです。あなたは一体何をしにその人のところへ行くのかということです。

そこだけに焦点を当てていくのです。この分野に関しては私がプロなんだと。他のことはあまり考えないことです。いくら高名な医者であろうが、地元の名士であろうが、有名人であろうが関係ありません。

相手が立派な肩書きを持っていようが、広い庭を持っていようが、そんなことは付け足しみたいなものなのです。**あくまでも私はこの分野に関しては、絶対的にプロなんだという態度で臨めば、自ずと迫力も出てくるものです。**

セールスをやっていて、ああだこうだと悩む人がたくさんいます。私は、そもそも悩むというのは、一言でいえばヒマな証拠だと思っています。今に全力投球をしていれば、悩んでいるヒマなどないはずです。悩んでいる人はヒマな人です。

それに、悩みというのは、過去と未来のことです。過去の過ぎてしまったことにクヨクヨするか、未だ来もしない未来のことを心配するか、どちらかです。

今にすべての力を出し切っていれば、過去や未来のことをああだこうだと考えなくなります。そして真剣にやれば疲れることもないのです。

みんな今に「ない」ことで悩んだり苦しんだりしているのです。

あの先生は
医者のプロ
あの会長は
会社経営のプロ
あのセンセイは
政治のプロ
そしてボクは
営業のプロなんだ
よしっ
堂々と胸をはって
あの方たちに
売ってきます

PART 3

売り込まずに「売れてしまう」やり方

◪ 地獄のセールスでいくか、極楽のセールスを楽しむか

1 見込み客はいくらでも作れる

●笑顔の達人になればお客様が寄ってくる

私は、見込み客を多く作るためには、第一印象を良くすることと、全国民が見込み客と思える心を持つことの二点が大事だと考えています。私はセールスを始めてすぐに、まず第一印象がもっとも大事で、それには何より笑顔だと考えるようになりました。

自分の顔は自分のためにあるのではなく、相手のためにあるんだと考えました。顔だけではなく、手も足も言葉も、すべて相手のためにあるんだと思うようになりました。

ですから、道を歩いている時に、すれ違う人に向かって笑顔の練習をしました。鏡を見て笑顔の練習をすると飽きてきますので、向こうから来る人全員に、ニコッとするようにしました。

そうすると、最初のうちはどうしても作り笑顔なので、気持ち悪い人に思われることも多くありました。若い女性などは驚いて逃げて行く人もいました。クビをひねっている人もいました。それをズーッと来る日も来る日も続けているうちに、だんだん笑顔が達人のようになってきて、向こうからもニコッと挨拶をされるようになりました。

「どこかでお会いしましたでしょうか？」と話しかけてくる人もポツポツ出てきました。

私も答えなければいけないので、「どこかでお会いしたような気がします」と立ち話をしているうちに、「まあよくわからないけど遊びにおいでよ」と言ってくれて、家までついて行き、親しくなり、宝石を買ってもらったことも何度もありました。

「袖すり合うのも他生の縁」という言葉があります。

この世の人はすべていい人だと心から思えば、相手も自分のことを信頼してくれ、どんな人とも縁が持てるようになり、みんな見込み客になってしまうのです。

私は誰にも負けない笑顔ができるお陰で、ずいぶん得をしたと思っています。

●全国民が見込み客に見えてくる法

そしてこれだけのことで、見込み客はいくらでも、まさに無限に作ることができました。ですから、私には見込み客リストなどというものが必要ないくらいでした。

そしてもう一つは、「全国民が見込み客と思える」ことです。

道を歩いている人も、公園で遊んでいる若者も、床屋のおじさんも、タクシーの運転手も、全部が素晴らしい人で、全部がありがたい人と思えるかどうかです。

おまわりさんに道を聞いて、次に会うことをすぐさま考えられるかということです。

自分が決めたある特定の人だけが見込み客、という考えしか持てなければ、見込み客はそれだけです。実は市場は表にあるのではないんです。**市場は己の心の中にあるのです。街という表を耕すのではなく、目に見えない己の心を耕す必要性があるのです。**

自分の心の中では、この人は絶対にお客にはなってくれないだろうと思っていた人が、明日にはお客になってくれることもあるのです。自分の心の中で、無理だと決めつけてしまっては、それでおしまいですが、自分の心を開拓することで、昨日までは考えもしなかった人が見込み客になり、お客様になるかもしれないのです。

それに、一人の人の後ろには何十人、何百人もの人が潜んでいます。その辺を歩いている男の子にも、その後ろにはお父さんやお母さんがいるのです。その子の友達のお父さんやお母さんもいれば、そのまた親戚や友人もいるのです。

固定した限られた見込み客だけだと、例えば移動時間一つをとってもロスになります。遠い所に一軒行って、また遠い所に一軒行くというのでは、とても非効率ですし、交通費もバカになりません。しかし、こういうムダな動きをしている人が案外多いのです。

全国民が見込み客と思えるように己の心を開拓していけば、こういうロスもなくなり、見込み客を作るということで苦労することは一切なくなってしまうのです。

この街の人は
なんて良い顔を
してるんだろう
そうかみんな
良い人たちなんだ！
うん
良い所に
来てよかった
きっとボクを
歓迎して
くれるぞ！
おはよう
ございます
一平です
ニコニコ
や
どーも
ニッコ
ニコー

2 二時間以内にやる気を起こさせる法

●言いたいだけ言わせるのがコツ

私は部下のやる気を起こさせることに関しては、誰にも負けない自信がありました。どんなにやる気のなくなっている部下でも、二時間以内に必ずやる気を起こさせることができました。それには実はコツがあるのです。

やる気がなくなり成績も落ちている部下がいると、私は個人的に外に連れ出しました。会社の人間がいない落ち着いた喫茶店に入り、二人だけで話をしました。

そして、最初の一時間は彼の話を徹底的に聞きました。

「最近元気がないみたいだけど、一体どうしたの?」

やる気がなくなっているのには、みんなそれなりに理由があります。

「どうもお客様に断られると、すぐに落ち込んでしまって、ボクは営業に向いてないのかもしれないなと思いまして……」

「こんなにがんばっても売上が伸びないんです。これが自分の実力かと思うと情けなくて……」

「ボクが担当している地域は、他社との競争が激しくて、なかなかウチでは太刀打ちできないんです」

「実は最近、女房とうまくいってないんです…」

「今の安月給じゃ、このまま続けられそうもないなと思いまして……」

みんなさまざまな理由を話してくれます。

私は「ああ、そうか。うんうん。ああなるほど、そうかもしれないな」とひたすら一生懸命彼らの話を聞きます。とにかく言いたいことが溜まっているのです。だからその言いたいことを全部言わせてあげるのです。ちょうど溜まったゴミを掃き出すようなものです。

●絶対に途中で説教をたれるな

大体言い終ったかなと思っても、さらに「他にはもうない？」と無理にでも引っ張り出させます。一時間も話せばほとんど話すことはなくなります。

そしてようやく全部出し切ったと思ったら、初めて私から話をするのです。

ゴミは全部出し切らないと、中には入らないのです。一度相手の心の中を空っぽにして初めて、中に入れることができるのです。ポイントは絶対途中で説教をしないことです。

「そんなことで落ち込んでいるようじゃダメだよ。ボクなんかね……」とか、「競争相手がいるのは当たり前じゃないか。そこでこそ営業マンの力が試されるんだろ！」などとすぐに口を挟む管理職が多いようです。

これでは全く逆効果で、やる気を出させることはできません。むしろ、「上司に相談なんかしても説教されてしまうだけだ」と思われ、信頼さえも失ってしまいます。

目的は部下にやる気になってもらうことです。こちらの言いたいことを言うことではありません。

部下たちが何か悲鳴を上げているのは、実は「私をもっとがんばらせてください！」と言っているのと同じです。本当はもっと力を発揮してがんばりたいのです。

一時間ほどかけて、言いたいことを全部言ってしまうと、それだけでもう十分にやる気になり始めているのです。ですから後は簡単です。

よく部下を飲みに連れて行って、酒の席でやる気を出させようと、仕事の話をする上司がいますが、酒は飲まない方がいいと思います。

なぜならば、お酒とは物事をうやむやにするものだからです。

やる気にさせるためには、その逆で、物事を明快にする必要があるのです。

ですから私は喫茶店を利用しました。また会社の中だと、この手の話をするには人の目が気になりますから、あまりお勧めできません。

元気がないな
はぁ 元気度はマイナス5000%ですぅ
なるほどゴミが一杯だ
そうですかぁ…
どうしたんだい？
実は……
ポイッ
ああでこうで
ポイポイッ
もう言いたいことは無いかい？
ポンッ
ありません元気度100,000%!

3 アポイントを効率よく取るのは簡単だ

●人は自分に強い関心を持つ相手を離さない

以前、私がある教育プログラムのセールスをやっていた時、一切こちらから売り込みに行かないで、実績ナンバーワンになったことがあります。

私はある交流会に出入りをしていましたが、そこでは必ず名刺交換をする時間がありました。名刺交換をした時に、相手の名刺を見て必ず「○○さんはどういうお仕事をされているんですか？」と聞きました。そうすると相手の人は必ず何か答えます。

そうしたらすかさず「○○さんのお話、一度聞きたいですね。今度お会いしましょうよ。ぜひお話聞かせてください！」と切り返すのです。

自分が相手に興味を持ってもらおうと思ったら、相手は何か売りこまれるのかなと考えて引きますが、こちらから相手に興味を持ったらその人は絶対に引かないんです。

自分に興味を持ってもらって、いやだなと思う人はまずいません。

私が「一度お話聞かせてください」と言ったら、絶対といっていいほど乗ってきました。

「今度お会いしましょう！」

「そうですね」

その瞬間パッと手帳を取り出すのです。

「いつごろ会いますか……？　来週火曜の三時と木曜の二時ならどちらがよろしいですか？」

「木曜日の方が……」

「じゃあ、その日にしましょう」

「で場所ですけど……あっ！　一回事務所に遊びに来てください！」

「そうですね」

ここまで全部「YES」と言っていますから、途中で「NO」と言えないんです。

これで、自分が出向かなくても、全部向こうから来てくれました。

●一つだけ抜きん出た魅力を持とう

お客様の方から来てもらうというのが重要なのです。

なぜならば、これなら移動時間のロスがないからです。その上、お客様の方から来る場合は、相手が心の準備をしてきますから、話も圧倒的にしやすいのです。

こちらから出向く場合は、相手の方は準備をしていない可能性があります。また、他の来客があったり、電話が鳴ったり、余計なものがたくさんありますから、ロスも多いわけです。急用で不在の場合もありますし、中には忘れている場合だってあります。お客様の方から来てもらい、それでいてこちらは謙虚に、接待しますよ、という感じにするわけです。私はこうやって、一晩か二晩で翌週一週間分のアポイントを全部取ることができました。

しかし、誰でも同じようなトークをすれば必ずこのようなアポイントが取れるかというと、そうはいかないでしょう。

下手をすれば、（威張るな！　お前の方から来い！）と思われてしまうのがオチです。やはり、本当に来てもらうためには、どうしても人間的な魅力が必要になってきます。（何かこの人、並の人とは違うな）と思わせなければいけません。**（この人ならいろんなことを教われるな。プラスになるな）と思えば会いに来てくれるはずです。**

ですから、そう思ってもらえるような雰囲気をポンッと出してしまうことです。ものすごく元気がいいとか、温かくて人なつっこいとか、目が輝いているとか、姿勢がすごく前向きだとか、声が大きいとか、何でもいいんです。何か一つ他の人とは違うキラッと光るものを持てばいいのです。

そのためには、日ごろから魅力ある人間になるように、自分自身を磨いておかないといけないでしょう。

ボクにキラッと
光るもの
あるのかしら…
のんびり
してるけど
その温い
ところが
いいんじゃない
そ
そうですかっ

ぜひ山丸さんの
お話聞かせて
ください
じっくりと……
ああ
いいですよ
いつに
しましょうか
君は
ほんわか
していて
いいねえ

4 さすがといわれるクレーム対応のコツ

●クレームは大チャンスと思おう

以前私が働いていた会社に、皮製品部門でダントツのトップセールスマンがいました。

その彼がゴルフシューズを売ったあるお医者さんに、私は宝石を売りに行ったことがありました。

「こんにちは。A宝飾ですけど」と私が入っていくと、その先生は玄関に出てくるやいなや「何、A宝飾？　ちょっと待ってろ！」といってゴルフシューズを持ってきて、いきなり私にぶつけてきたのです。

「何だこれは！　オレに恥をかかせやがって！　ゴルフに履いて行ったら新品なのに雨が降ったらグズグズじゃないか！　こんな不良品持ってきて、詐欺じゃないか！　もう2度とお前のところでは買わない！」とものすごい剣幕で怒り始めたのです。

その場は「すみません……」と言って帰ってきたのですが、私のやったことではないけれど、あそこまで怒らせたら、もう二度と買っていただくのは無理だなと思っていました。

ところが数ヶ月後、当のトップセールスマン氏の売上伝票を見ていたら、何とあの大剣幕だった先生に、さらに奥さんのハンドバックや何やら五品ほども売っていたのです。

さすがにこれには驚きました。「何だこれは。一体何が起きたんだろう？」とただただ驚くばかりでした。その時、私は初めて、人間のその時の感情がすべてではなく、むしろそこからいろいろなことが始まるんだということがわかったのです。

ですから、まずクレームが来た時には、決してそのクレームから逃げない心構えを持つことが大切です。

クレーム対応というのは後ろ向きの仕事のように思われがちです。怒られて嬉しい人はいませんから、どうしても逃げたくなるのが普通ですが、むしろクレームが来たらチャンスだと思って向かって行くくらいがいいのです。

クレームが来たら、まず一番にしなければいけないことは、素直に謝ることです。

●こうすればお客様は手も足も出なくなる

その次に、お客様の言い分を全部受けることです。何を言われても、たとえ明らかにお客様に落ち度があっても、全部言い分を聞いてあげることです。

逃げずに向かっていくのです。そして相手の主張している要点をしっかりつかまえることです。それができれば、今度はそれが全部ノウハウになります。お客の本当に求めていることがよくわかるのですから、これほどいい機会はないのです。

そのように考えれば、「ありがとうございました」という言葉も必ず自然と出てくるはずです。その意味でも、クレームの出たお客様の所には、感謝の気持ち、手を合わせるくらいの気持ちで行かないといけないのです。

そもそもクレームがあって嫌な思いをするというのは、自分のやりたいことと違うことをやらなければいけないからです。これは自分のことしか考えていない証拠です。

クレームを言うお客様に対して、心から感謝していくセールスマンには、お客様も手も足も出ないのです。

そして**究極のクレーム対処法は、クレームになる前に対処をすることです**。ただ単に対処してしまえばいいだけなのです。

そもそもクレームというのは、売り手への不信感からくるのです。だから、何か少しでも問題やトラブルが起きたら、即それに対応していければクレームには発展しないのです。ぐずぐずと時間を置くからクレームに発展するのです。

お客様が買われた後になって商品がどうしても納得できなくなった場合には、私は現金で全額返済したこともあります。私はいつもこのように素早く、本気で、お客様と接してきましたから、ほとんど大きなクレームを受けたことはなかったのです。

こんなもの売りつけやがって金返せ！
さあ一平どうする
一、まずお客様のところへ飛んでいく
ビュン
二、お客様の言い分を全部お聞きする
三、全面的にお詫びする
本当に申しわけありませんでしたすべての責任は私にあります明日改めてまいります
四、その場で結論を出さないでいったん時間をおく
五、善後策を練る
六、善後策を提案する
250人の法則
1人怒らせたら250人怒らせる
1人喜ばせたら250人喜ばせる
一人の後ろにはたくさんの人が控えているんです

5 売り上げ単価を上げる急所を知っておく

●お客様の都合を考えてアピールする

同じお客様にいろいろな商品を買っていただくためには、二つをいっぺんに売ろうと思わないことです。

まず一つを買っていただいて、徹底的に満足をしていただくということが絶対条件です。最初はお客様は何が欲しいかわかりませんから、まず何を欲しているのかを的確につかむことが先決です。そして、お客様が求めている商品一つに絞るのです。二つ売ろうと欲を出さないことです。

大切なのはあくまでもお客様から信用を得ることです。あれも売りたい、これも売りたいというのは、自分の都合に過ぎないのです。

自分の都合ではなくて、お客様がまず何を求めているかを知り、その求めているものを叶えてあげて、そして満足していただくことです。

そして、信用をしていただくことができたら、次の商品の話も初めて受け入れてもらうことができます。

ところが、そこまでいっていないのに、自分の都合であれもこれも売ろうとするから、上手くいかないのです。

お客様の心をキャッチするということが一番です。**心を動かして初めて商品がついてくるのです。商品が先ではないのです。**まず自分が信用を得ることです。そして商品を売って満足を得て、ようやく一つのものが完了するのです。

すべてが完了してから、その上で「実はこういうものもあるんです」というように、次の話を持ってくればいいんです。そちらを仮に断られたとしても、前に売った商品までは断られません。二つをいっぺんに売ろうとすると、片方を断られたら両方断られてしまう可能性があります。人間はそんなに器用ではありません。

それから、ある特定のお客様から複数の商品を買ってもらい大得意先にするためには、やはり、自分の抱えている商品をがっちり把握しておくことが基本でしょう。

お客様はどんな商品を欲しいかは案外わからないものです。Aという商品がダメでも、Bという商品なら大いに興味を示すかもしれません。AもBもダメでも、Cなら欲しいかもしれません。商品ラインナップの中で、お客様のニーズに合ったものを掴むためには、どれも簡潔にアピールできるようになっていなければなりません。

●あとあと続く売り方を心がける

また、扱っている商品が単一の場合でも提案の仕方を変えることによって、お客様の心に響く場合もあります。ニーズは必ずしも一つではないのです。

例えば水を売る場合でも、いくつもの提案の仕方があります。

水は「ノドの渇きを潤す」というだけではありません。「昨日飲んだお酒を流してくれるんですよ」、「体にいいんですよ」、「目が覚めますよ」等、いくらでも提案することはできるのです。

顧客一人当たりの売上が上がれば、セールス効率はグッと上がります。

私は大口のお客様を随分持っていました。これが私のセールス活動の大きな土台になっていました。そのポイントは次の二点です。

一つは、二つのものをいっぺんに売ろうとしないこと。そして一つずつ丁寧に売って、何よりもお客様の満足と信用を得ることです。そうすれば、後はいつでも行けますし、どんな話も展開することが可能になるからです。

もう一つは、自分の持っている商品のどれかに興味を持ってもらえるように、商品すべてをしっかり把握して、どれも手短でわかりやすく魅力を伝えられるようにしておくことです。あるいは、単一商品の場合は、いくつもの提案の仕方を考えておくことです。

顧客の売り上げ単価を上げるためには
一、契約を完了する
お待ちかねのサファイヤです
まあすてき
四大宝石のうち三つ揃いましたから今度はエメラルドですね
二、さりげなく予告編を
そうね余裕ができたら欲しいわね
三、メモは忘れずにとる
そして自宅100M前から猛ダーッシュ
奥さん奥さーん
やりました前にお話ししたエメラルドの最高のモノがようやく入荷しましたよ！

6 営業ツールの効果的な使い方は簡単だ

●「手ぶらで売るんだ」という気持ちを持とう

いろんな資料を作り、たくさんの小道具を自慢気に持ち歩く人がいますが、そもそもいろんなものを持ち過ぎる人は、仕事ができないことが多いのです。

ですから、営業ツールはあまりたくさん持ち過ぎない方がいいのです。

大体、仕事のできる人は、余計なものは持っていないものです。資料を持つだけで結果が出るならいいですが、持つだけで成績が上がるでしょうか？

手ぶらで身軽な人のほうが案外と成績はいいものです。

そもそも営業ツールに凝り出すと、余計なことをいろいろやってしまいますから、その分時間と労力を浪費してしまいます。

営業マンは「今何をやらなければいけないか、その一点に集中すること」。私はこれだけだと思っています。それ以外の道具はほとんどクズだと思っていいのです。

まずは結果だけを見ることです。細かいやり方にあまりとらわれないことです。

そして準備をしてから行くのではなく、お客様の所に行けば何が必要かがわかりますから、そこから最低限必要なものを考え、それを準備すればいいのです。

ここに焦点を絞れば、余計なものを揃える手間も省けますし、最短の時間で準備ができるわけです。いろんなものを持って歩いていると、あれもこれも見せようとして、お客様が求めてもいないものに余計な時間を費やしてしまいます。

またモノに頼るクセもついてしまいます。これでは実力もつきません。

何も見せないで、「オレは手ぶらで売るんだ」くらいでいいのです。

●「相手に五〇万円あげるんだ」と思えるか

私が宝石の販売をしていた時はこうでした。

例えば、五〇万円の宝石を売る時は、最初に五〇万円くらいは「お客様、あなたにあげました」というつもりでセールスをしました。

もう先にお客様に五〇万円あげたのですから「中身が空っぽでもいいですよね」という気持ちでやりました。それくらいまずお客様に感動を与えたのです。

すると、相手はすでにそれくらいの価値をもらっているのだから、何も私に文句の言いようがないのです。

普通のセールスマンは、自分がお客様の邪魔をしているかもしれないとか、何か言ったら迷惑じゃないか、追い返されるんじゃないかと、あれこれ心配しながらセールスをやります。私のように、最初にその金額だけのものをあげてしまえば、このような心配は何一つ起きないのです。どこに行ってもこうでしたから、どこでも大歓迎されました。

ただ私からお客様に与えているだけですから、誰からも大歓迎なのです。

うまくいく時といかない時があるのは、こちら側の作戦でやっているからです。お客様にうまく伝わらない時があったら、うまく売ろうとする自分の作戦しか頭にないから、そうなるのだと思った方がいいのです。つまり、売るためにお客様が喜ぶことを適当に言って、その気になってもらおうという下心があるからなのです。

うまくいったら喜び、うまくいかないとガッカリするというのは、まさに頭の中の作戦でやっているからです。

本当にお客様に与えようというあり方になり切っている人は、こういうふうにはなりません。本物の人は全部が本物なのです。

自分自身の最善をいつも出し切ればいいのです。最善が出たかどうかが問題なのであって、お客様がサインしてくれたかどうかは問題ではないのです。

全身がそういうあり方になれば、ツールだけでなく、**売るモノさえも関係なくなります。何をやっても売れるようになれます。**どんな業界でも日本一になれるのです。

営業ツールの効果的な使い方は？
一平君 彼女を口説く時 大事なのは車？ それとも贈り物？
とーんでもない！ ボクの熱いハート 情熱ですよ
そーだよ 営業ツールだって 同じこと
大事なのは 彼女もお客様も 心の底から 好きだと思う 熱い思い！ いつも自分の 最善を出しきること なんですね

7 営業部のリーダーがやるべき最も大切なこと

●ピッチャーとキャッチャーの視点で考えられる人

営業部のリーダーのやるべき最も大事な仕事は、前と後ろをしっかり見ることです。前というのはお客様のことです。後ろというのは社員の人材育成のことです。

時代劇でチャンバラを見ていると、必ず味方同士が背中合わせになっています。そうすれば敵が前からかかってこようが、後ろからかかってこようが大丈夫だからです。

会社の内部をきちっとして、その上で外に営業に行って、お客様にもしっかり接するということです。前と後ろの両方をしっかりやれると、組織は強固なものになります。

野球にしても、ピッチャーはキャッチャーのミットだけを見て投げますが、キャッチャーは常にチーム全体を見ます。見ているところが全然違います。

見るところの違う人をちゃんと生かせるかどうかなのです。

人材育成がなかなかできないリーダーが多いようです。

ある若手の営業マンがなかなか契約が取れなかったとします。

その時に、上司がついて行って一つ契約を決めることはできます。しかし、そういうやり方だと、いつまでも同行しなければなりません。

これは決して部下を育てることにはなりません。営業部全体にとっても長い目で見ればマイナスです。その若手を何とか一人前にしようとするならば、彼のためにもなり、営業部全体のためにもなる方法を考えなければなりません。

営業部全体を活性化させるためには、方法は次の二つしかありません。

一つは内部にいる人を変えることです。そしてもう一つは人を入れ替えることです。

当たり前のようですが、この二つしかないのです。

そして活性化の一番のキーは、リーダー自身が見違えるように変わることです。もちろんそのままで変われるかどうかが問題です。

●部下の数字の中身をしっかり見てあげよう

そういう意味では、リーダー、ひいてはトップを交代させるのが一番の活性化でしょう。

会社は経営者で八〇%が決まるからです。営業部でいえば、営業部の最高責任者が変わることで全体が大きく変わります。

それからもう一つ、リーダーの大切な仕事に目標設定ということがあります。

私は、これからはその目標の立て方も、考え直す必要があると思っています。ただ売れればいいという目標設定ではなく、お客様がどれだけ喜んでいるかということがわかるような目標設定の仕方もあると思うのです。お客様の喜びを一つの指標にするのです。

強引に売りこんで数字を上げることもできますが、それでは長続きはしませんし、本人も充実感がないものです。

とりあえず今月は数字にはなったけれど、後からとんでもないことになるかもしれないなと、不安に思いながらセールスしていては、あまり楽しくないはずです。

本当にお客様に満足してもらい、そこから上がる数字が本当の数字です。

そういう数字を作るようにしていけば、営業マン一人一人も張り合いが出ますし、数字が上がった時には心から嬉しくなるものです。

もちろん、ストレスもありません。

ただ単に数字だけを追いかけさせると、段々身勝手なエゴのセールスになってしまいます。リーダーは、その数字の中身をしっかり見てあげるようにするべきなのです。

どんなセールスのやり方をどんな気持ちでやっているか。本当にお客様にずっと喜ばれるような仕事の仕方をしているのかをしっかり見てあげることです。

例えすぐに結果につながらなくても、必ず将来実を結ぶ活動をしているのかどうか、そこを見極めてあげることができれば、大変素晴らしいリーダーになれると思います。

営業部のリーダーがやるべき
最も大切なことは何？
従来のリーダーの目標設定
売上高グラフ
売上
とにかく売れ！
売れれば
いいのだ！
さっさと売って
こーい
必勝
やがて
評判が
落ちて
いくのです

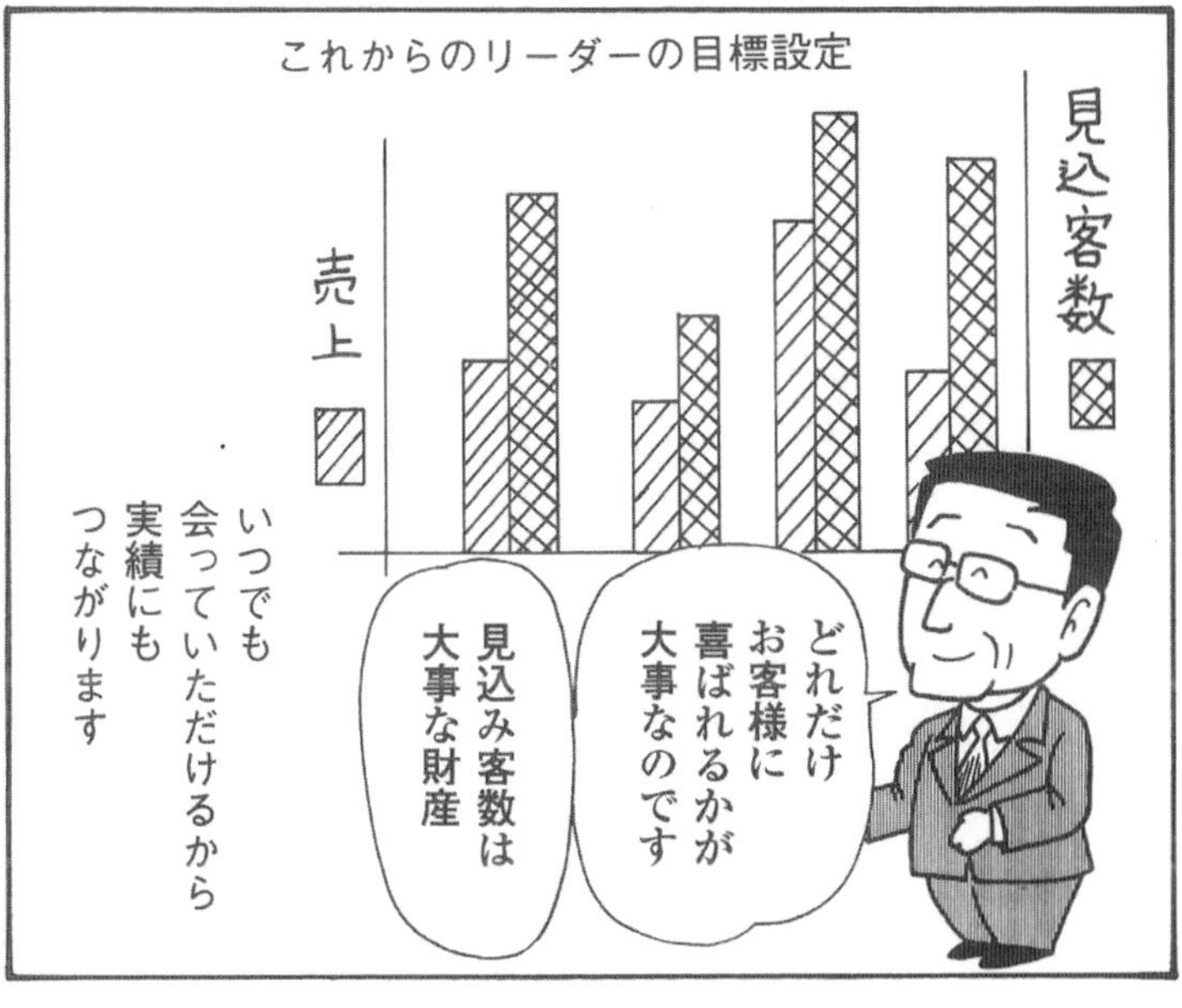
これからのリーダーの目標設定
見込客数
売上
どれだけ
お客様に
喜ばれるかが
大事なのです
見込み客数は
大事な財産
いつでも
会っていただけるから
実績にも
つながります

8 優秀なマネジャーは放任型か管理型か

●はみだし過ぎたら気づかせる

これはマネジャーの性格によって分かれるでしょうから、一概に管理型か放任型かどちらがいいとは言えません。

例えば管理型で、部下を何から何まで管理してしまうと、一人一人の個性を伸ばすことができなくなりますから、そこは気をつけなければいけないでしょう。

これに対して放任型で部下の能力を伸ばそうとするならば、マネジャーは自分自身の人格や人間性を磨く必要があります。

「あの人のためにがんばりたい」「あの人が好きだから打ち込めるんだ」と部下に思われるようになればいいのです。放任型の場合は、技術はむしろない方がいいくらいです。

いつもニコニコ笑顔で「ありがとう、ありがとう。君は素晴らしいよ」と言っていれば、後はみんながんばってくれるものです。

「いやー凄いな。いやー本当にありがとう。君のお陰だよ」と、とにかく一人一人の能力を褒め、一つ一つの成果を本心から祝福してあげるのです。

これに対して、管理型のマネジャーで、能力があって自分のやり方を部下にもさせようとするマネジャーは、大体好かれていないものです。

自分に能力がある人は、どうしても自分のやり方に部下たちをはめようとする傾向があります。技術があるとついつい余計なことを言い出してしまい、こうであらねばならないというのがあるから、部下はとても居心地が悪くなってしまうのです。

少し話がそれますが、私のところに時々「ウチの子が不良になって困っているんです」という親が相談に来ます。そういうケースは、親が何かの宗教に凝りすぎているか、偉い社長さんであることが多いのです。親たちが自分の思うように子どもを育てようと管理しますから、子どもはそれに反発して、不良になるか落ち込んでしまうのです。

自分の思う美だけを美だと思い込んでしまうのです。

そうではなくて、天然の美というものがあるのです。盆栽のように決められたカタチに揃えなくても、**もともと自然の中で育つ木の美しさというものがあるのです。**

ですから、マネジャーにしても、部下の本来持っている力を発揮できるようにしてあげることが大切です。

そして横に大きくはみ出しそうになった時だけ、ちょちょっと注意をしてあげるのです。

それも最低限でいいのです。これ以上はダメだよという線だけ引いてあげます。

そうしたらみんなその範囲内で、伸び伸びと仕事をすることができます。

●包み込んでしまうのがベスト

先日、あるネットワークビジネスのリーダーをやっている女性から「自分と波動の違う部下はどう管理したらいいのでしょうか」というような質問を受けました。

人を自分の考えに従わせようとすると、彼女が言う「波動が違う」と思ってしまいます。人は本来、いろんな考え方をするものです。どこまでいってもタイプの違う人は違うのです。それをみんな自分の考えに従わせるということはできるものではありません。

ビジネスで部下を管理する時に大切なことは、みんなの考え方を一致させることではなく、それぞれがそれぞれの仕事をやってもらうように仕向けることです。

もし自分とは全然違うタイプだなと思ったら、その人に合わせるか、自分のレベルに引き上げるか、包み込むかのどれかしかありません。

組織を大きくしようとしたら、一番いいのは「包み込む」ことです。よく一流の経営者は「清濁併せ呑む」ということを言います。

組織の目指すべき方向さえしっかり決めれば、後は大きな器で「包み込む」ことによって、全員がそれぞれの仕事をするようになっていくのです。

営業マネジャーは放任型と管理型どちらがいいのでしょうか
岩槻智 たよれるベテラン
枠をはずして潜んでいる才能・能力を伸ばしてやる個性を伸ばすのも大きな管理です
新田信 時々脱線するお調子者
超管理型（全体的管理）がこれからのやり方
川越由佳 確実な契約をとる
大宮五郎 新人だけど大たんな発想をする
放任型は無責任
どーぞ好きにして
トップセールスマンになるんだ!!
勝手な思い込みの可能性がある
実は事務の方が本人に合っているかも知れない
管理型（個体的管理）はすぐ限界がくる
会社の規定・文化・習慣常識・決め事などの枠にはめさせようとする

9 「紹介してあげたい」と言われるやり方

●「知人のために紹介したい」と言わせよう

私はセールスマンとして駆け出しの頃、お客様に他のお客様を紹介をしてもらう場合、いつも目の前で電話をしてもらうようにしていました。

ただ単に「○○さん、是非お友達をご紹介くださいね」と言うだけで、帰ることはしませんでした。これではまず紹介はしてもらえないと思った方がいいからです。

ですから、いつもその場で電話をしてもらうようにしました。基本的には、常に今ここしかないと思った方がいいのです。お客様がそれでも電話をするのを躊躇《ちゅうちょ》していたら、「ご近所の中村さんなんかどうでしょう？　是非、挨拶だけでもさせてください」と実名を出して、一本電話を入れてもらえるようにお願いしました。

そして電話で「佐藤さんという人がいるから一度会ってあげて。この人大丈夫だから」と一言くわえてもらえば、もう道ができたわけで難なく会うことができます。

こういう所に行けば当然話も早いので、商談の成立する確率はグンと高くなります。

いつもこんなパターンで、どんどん紹介をいただきましたから、見込み客が減るということはありませんでした。動けば動くほど見込み客は増えていきました。

しかし紹介を引き出す究極の方法は、お客様にとことん喜んでいただくことです。とことんお客様に喜んでいただいて、好かれて、愛されることです。そうして初めて「紹介してあげる」という心を起こさせることができるのです。

究極は心の中で「紹介したくてしょうがない」とお客様に思ってもらうことです。「紹介してください」というのはやはり自分の都合に過ぎません。

「あなたのために紹介をしてあげる」というのはまだ初級です。なぜなら、「あなたのために」は単に営業成績を上げるためのお手伝いです。これは本物とは言えないのです。

あなたを紹介したらAさんが良くなるから「Aさんのためにあなたを紹介してあげる」と言ってもらえたら本物です。

そういう紹介をしてもらうためには、とことんお客様本人に喜んでもらい、愛されて信用されるということに尽きるのです。

●ひたすら相手に役立つ活動の凄さ

まず「満足」、その上は「喜び」、その上は「感動」です。「感動」のレベルまでいけば最高です。

現在私は、「真我開発講座」というセミナーを主宰しています。これは一人一人に本当の自分を知ってもらい、人生における使命や役割を自覚してもらうというものです。

私自身の使命だと思ってやっていますので、セミナー事業をやっているという意識は全くありません。その証拠に営業効率などという、経営者の時には当然考えていたようなこともほとんど度外視しています。

ただひたすら、目の前にいる受講生の方のために、全力を尽くしているだけです。

しかし、受講生の方からはおカネをいただいていますので、その意味であえてこれをセールスと呼ぶとすれば、**私はこれこそ究極のセールスだと思っています。**

「真我開発講座」を受けられる方の大半は誰かからの紹介です。紹介というよりも、以前受講された方から「絶対にあれは受けた方がいいから……」と強力に勧められていらっしゃる方ばかりなのです。

まさに「感動」が人を動かしているわけです。受講された方は、ご両親や奥さんやご主人に伝えずにはいられなくなるのです。別に私のほうからご紹介くださいなどと言ったことはありません。

いわゆる営業活動などほとんどやらなくても、毎回自然と定員いっぱいになります。

そして最近では、さらに口コミでどんどん全国に広がっています。

紹介を引き出すには愛の営業で行く
〈エゴの営業〉
一、自分の売り上げ
二、自分の喜び
三、自分の仕事
四、とにかく自分
五、絶対自分
売ってしまえば こっちのもん 紹介して！
〈愛の営業〉
紹介を引き出す究極の方法
一、お客様に役立つ
二、お客様があなたに感謝する
三、お客様のライフワークに貢献する
四、とにかくお客様のために
由紀子さーん 私感動したの あなたのために紹介するっ！
もォ絶対にスゴいんだから

◆実録佐トチャン◆奇跡はいつだって本気から

それは私が宝石のセールスを始めて二年目くらいの時……
奥さん この宝石は十年経っても値打ちは下がりません
飯店
そお? じゃどれにしようかな
ピンポ〜ン
ト○タです その後お車の調子いかがですか?
いいわよ 今ね宝石見てるの
このダイヤは人気が高くて新しく入るとすぐに売れてしまうんです
あらちょっとそれを…
奥さん買うのはおやめなさい!
宝石というのはね 奥さん ウチのように有名で信用のおける店で買わなきゃダメ

トラブル起きたらどうします
そーか
また今度ね
ムッカー
マテヨ！この男に今日中に売ることができたら…よしっ殺されてもやってやろう
ニッコリー
先輩いろいろ教えてください！
ん？
ハッハ冗談を……
いえっ私マジですっ！

教えてくださいよ
そうさな…セールスは心よ
フーッ
心があれば私みたいな駆け出しでも宝石売れますか?
要はお客さんにいかに喜んでもらえるか
そーですよね
ただいまお客さんだ
お帰りなさい…
こういうかわいいお子さんのためにも宝石を残されるといいですよ

この指輪を見るたびにお母さんの顔が浮かぶでしょうね
バサッ
お母さんに言われたことや生き方を手本にして立派な女性になっていくと思いますよ
チッ
チッ
チ…
よしわかった買おうあの人気の高いダイヤを
!
いい買物だった勧めてくれてありがとう
ありがとうございます
やった!宝石を買うなと言った人に売れたんだどんな人にも売れるぞ
ついにやった〜
ぺたん
ぐー
もしもし

PART 4

飛び込みこそ、一番やりやすいセールスだ

- これを知ったら、セールスがやめられなくなる

1 飛び込みが苦手でも、トップになれる

●コンプレックスの塊だから成功できた

実を言うと、私は最初の頃、飛び込みが苦手どころか、全然できなかったのです。

私は定時制高校を卒業すると、ある化粧品会社のセールスマンになりました。

ところが最初は訪問恐怖症で、上司から「飛び込め」と言われても、何をしゃべっていいのかわからず、三日間は一軒も飛び込めなかったのです。勇気を振り絞ってインターホンを押しても、誰かが中から出てきそうになると怖くて逃げ帰る始末でした。

先輩には「そんなにやる気がないのなら、やめちまえ！」とこっぴどく叱られました。

悔しくて「この野郎、明日から見ていろ。吠え面かくなぁ！」とその夜はハチ巻きをして寝て、次の日朝早くから飛び出していって、1日で三〇〇軒も回りました。

それから毎日、無我夢中で飛び込みをしているうちに、気がついたらその月は、私を叱った先輩の売り上げを抜いて、社内でトップの成績を上げていました。

そうして毎月、トップセールスを続けることができました。

それまでの私にとっては、会ったこともない人と話すなど、最も苦痛なことだったのです。何しろ、子どもの頃から引っ込み思案で、言いたいことをちゃんと言えませんでした。好きな女の子がいても、声一つかけられなかった情けない男でした。

これといった特技もなくコンプレックスの塊のような人間だったのです。

そんな私でも、こうやってあっという間に、苦手を克服することができたのです。逃げずに挑戦して、そして乗り越えることができたのは、一つにはもっと大きな目標があったからかもしれません。

●飛び込みこそ一番やりやすい

私がセールスの世界に飛び込んだのは、私なりの理由がありました。

それまでは社員食堂で皿洗いをやっていたのですが、ある時、「ああ、オレはこのまま、こういうことをやっていたら、一生人に使われて終わってしまう。技術を高め帝国ホテルのコック長になるという道もあるが、やはり人に使われる人生はイヤだ。いずれは技術のある人を動かせる、そういう人間になろう。将来人を動かしレストランを経営しよう」とひらめいたのです。

そして、人を動かす能力を身に付け、なおかつ資金作りをするにはセールスマンがいいと思ったのです。だから、およそセールスに向くとは思えない性格だったにもかかわらず、セールスの世界に飛び込んだのでした。ただセールスをして、お金儲けをしてやろうくらいの動機だったら、すぐに挫折していたかもしれません。

昔の話はともかく、今では私は、飛び込みが一番やりやすいと思っています。

なぜならば、相手には私に対して全く先入観がないからです。相手に（佐藤さんはこれこれこんな人だったはず……）という先入観があったら、その色メガネで私を見ますから、必ずしもこちらの思うようにはいきません。

以前の未熟な時の自分を自分と思われていたら、なかなかその印象が抜けないものです。同級生と会ったら、やっぱり子どもの頃の印象を持っているはずです。

しかしまったく初対面の人は、一切思い込みがありませんから、こちら次第でことが運んでいくわけです。**初めての人はまさに新鮮ですから、最高の笑顔と、最高の明るい言葉と雰囲気でいったら、それがイコール私のイメージになります。**

これほどスリルのあることはないですし、やりがいのあることはないのです。

なぜならば、昨日よりも今日、進歩している自分が最高の自分だと人に思ってもらいたいからです。一日一日確実に成長していれば、いつも今日会う人に最高の自分を見てもらえるわけです。常に最高の自分を見てもらえるのは、今日初めて会う人です。

そういう意味で、私は飛び込みが一番やりやすいと思うのです。

飛び込みが苦手なんです
気弱なボクは会ったこともない人となんか話せない〜
待てよ 初対面の人はボクがどんな性格か全く知らないいんだよね
だったら 最大の笑顔で会いに行けば それがボクの印象になるんじゃないか!
こんにちはー 愛商事の愛増一平です
私は世界一説得力のある男になるんだ 私は世界一明るい男になるんだ 私は世界一情熱のある男になるんだ 私は世界一愛情溢れる男になるんだ 私は世界一のセールスマンになるんだ
会わなきゃ始まらないんだ 飛び込みこそ一番やりやすいんだ

❷ 第一印象でインパクトを与える万能法

●元気そうに振る舞えば、元気になってしまうのだ

私は以前、飛び込みセールスをする時は、いつもこんなふうにやっていました。これから飛び込もうとする家の玄関の前でウロチョロしながら、（ああ、いい奥さんだ、いい人だ。早く会いたい……）と自己暗示をかけてから、思い切り元気良く「こんにちはっ！」と飛び込んでいきました。

そうしたらたいがい、「あら〜っ！」っとなります。相手もつられてしまうんです。相手に抱きつかんばかりに心からそう思うのです。あなたを愛しています、あなたを心から好きですと。心からそう想えるように訓練しました。

そして機嫌の悪い日を作らないようにしました。いつでも笑顔で、いつでも明るく、いつでも機嫌がいい。それがプロです。舞台の役者さんはそうですね。「今日はお腹が痛いから演技できません」では「いらない！」と言われてしまいます。プロ失格ですね。

また、元気そうに振舞っていたら、不思議なことに本当に元気になるものです。

まだ私が二〇代の頃、こんなことがありました。風邪で四〇度近い熱が出て、頭はガンガン、吐き気はするし、ゴホンゴホンと咳もひどく、もうフラフラの状態でした。

それでも私は遠方まで二〇日間の出張に行ったことがありました。そして三日目くらいからは体調も普通に戻り、いつも通りバリバリとセールスをやってきました。

ところが帰りの電車に乗った瞬間、また元の風邪の状態に戻ってしまいました。「あっ、オレはひどい風邪を引いていたんだっけ」と思い出しました。

この時私は、思いの力は本当に凄いなと実感しました。

●笑顔はたった一秒ですべてを好転させる

少し話がズレましたが、第一印象は本当に大切だと思います。

第一印象というのは、最初の一秒で決まります。ですからこの一秒が勝負なのです。

特に女性の場合、第一印象で「あっ、イヤな人」と思われたら、何時間熱弁を振るっても難しいものです。後からどんなにいいことを言っても、すべてその「イヤ」というフィルターを通して判断されてしまうからです。

逆に最初に「うわーっ、感じのいい人だ」と好感を持ってもらったら、途中で多少変なことがあっても大体好感を持ってもらえるものです。どんなことも「感じがいい」というフィルターを通して見てもらえるからです。

ですから最初に会った瞬間の一秒は、後々の一時間、二時間よりも大切なのです。人間の心というのは、最初にある一定の方向に向かっていったら、よほどのことがない限り、その方向にずっと向かい続けるものです。

「ああ、この人いい人だな」と思ったら、途中でイヤな人に変わるまでには、ちょっとエネルギーがいるのです。逆に、「この人何だか、イヤな人だな」と思ったら、途中でいい人に変わるまでには、もっともっと大きなエネルギーがいるのです。

だから、最初の出だしの方向性で大体決まると思っていいのです。ボールは押した方向と強さによって、転がっていく方向とスピードが決まります。それと同じ原理です。

最初に会った時に、スパッと「わーっ、この人感じいい人だわー！」と思ってもらったら、その後もずっと感じがいい、素晴らしい、という勢いで話が進んでいきます。

相手の心も自分の心と同調していくのです。

第一印象を言葉や態度で表わすには少し時間がかかりますが、笑顔は一秒もかかりません。人の失敗や不幸の時以外は、笑顔を出して損をすることはありません。ですから、ぜひとも誰にも負けないくらいの笑顔ができるようになることです。

そして、誰に向かっても好感で答えられるような笑顔になるためには、一年三六五日、一日二四時間嬉しくてしょうがない人生を歩むこと以外にはないでしょう。

第一印象でインパクトを与えるには……
なんていい奥さんなんだろ とってもいい人だ 早く会いたい 早く…
うろ
うろ
うろ
こんにちはーっ
あらー

3 飛び込みが面白くなる秘訣

●自分の心の制限を一度外してみよう

私たちは通常、飛び込みセールスと、ルートセールスとを分けて考えていますが、本来そのように分けることと自体がおかしいのです。本当はそのように分けることは、あなたの心の制限になるのです。

なぜならば、今日初めて会った人でも、明日また会えば、もうその時には飛び込みではなくなるからです。

ですから、二回目からルートセールスになるのではなく、一回目から古いお客様と同様に扱ってあげるのが礼儀なのです。

あなたが初めてのお客様と接していても、古くからの付き合いがあるように接していれば、やがてお客様の方も、きっと同じような気持ちになってきます。

ですから、あなたの中に「初めて会うお客様だから、まだダメだろう」といった制限があるならば、それはなくす必要があります。

初めて会った瞬間から、旧知の知り合い、旧知のお客様だというように、あなた自身の心の制限をなくす必要があります。

そのためには、そう思えるための訓練をしなければなりません。それは、毎日毎日たくさんの人に会うたびに、みんな昔からの友人だと思うように意識することです。

普通はそうやって毎日毎日訓練するしかないでしょう。

もちろん私も、最初からそういった境地に立てたわけではありません。セールスを始めるまでは、大変人見知りの激しい人間でしたから、最初のうちは苦労をしました。

しかし、飛び込みで毎日三〇〇軒も四〇〇軒も訪問している間に、そういうものが自然になくなってきました。毎日いろんな人と話をしているうちに、いい人だと思っていた人が、実はいろんな問題があったり、嫌だなと思っていた人が、思いもよらず親切だったりと、自分が思うのと全然違うことがよくありました。

●すべては自分の思い方一つに気づこう

このことによって私は、自分がこの人はいい人だ悪い人だと考えるのは、自分で勝手に心の制限をしていたに過ぎなかったと気づきました。

自分の価値観の制限を付けないで、できるだけいろいろな人に会ってみて、いろいろ経験してみる。そうすると、人にはそれぞれに個性があって、それぞれに役割があることを理解できるようになります。ですから、何かを工夫するというよりも、まずはとにかく数多く人に会うということが一番です。

私はそれと同時に、自分自身の心を開拓することに焦点を当てました。

相手がどう思うかではなく、自分がどう思うかということに関心を向けていきました。受け入れられない人を受け入れるのが自分の心の開拓であり、人生の目的の一つでもあると思えば、飛び込みセールスもがぜん、面白くなってくるのです。

あえて難しいことに挑戦するのです。

そのようにやっているうちに、自分の心の中に制限がなくなってきて、気が付いたら人見知りはなくなっていました。

しかし本当はそのように訓練しなくても、みんなが旧知の友人だと自然に思えるようになる方法があるのです。それは一言でいうならば、〝真我〟に目覚めることです。

〝真我〟とはほんとうの自分のことです。心の奥底にある魂ともいえる。〝真我〟の存在を知り、その〝真我〟に目覚めることができれば、それは共通意識とも言われるものですから、初めて会う人でもどんな人でも愛することができるのです。

それは全く何の制限もない世界なのです。

ですから、**一瞬にして何年も付き合ったような関係を築くことができるのです。**

飛び込みの時の心構えは？
真我に目覚めることができれば初めて会った時から旧知の人間関係を築くことが簡単

すべて自分の思い方次第地球に住むすべての人々は見込み客だ
ぎゅっ

4 飛び込み訪問で断られない法

●嫌みなく、真心込めればスパッといく

自分の中に、「売りたい、買ってもらおう」という気持ちが一番最初にあるから、簡単に断られるのです。

まずは、「この人と絶対仲良くなるんだ」ということを一番に持ってくるのです。売るのはその後です。なぜならば、お客様の心の扉を開かないことには、何にも話は進まないからです。仲良くなるための方法はいくらでもあります。一番いいのは「あなたが好きです。あなたの素晴らしさがよくわかります」ということを単刀直入に伝えることでしょう。

犬だってシッポを振ってきたら、誰も蹴っ飛ばしたりはしません。

仲良くなれば心を開いてくれますから、いつでも話を持っていけます。

しかし、心が閉じてしまったら、商談には絶対持っていけません。

私はこんなふうにやりました。

「ごめんください！」

「実は近所の方から、奥さんの噂を聞いてまいりました宝石屋です」

「いやあ、奥さんの評判は近所で大変いいですね。美人で、頭が良くて、なおかつ心が優しい」

このように興味を引くように切り出すと、相手は必ず聞いてくれました。

「『とにかく一度行ってみなさい、本当に良い人だから。無碍《むげ》に断る人じゃないし、見てくれるだけは必ず見てくれる人だから』って皆さん言うんですよ」

「今日は念願がかなって、ようやくお会いできて嬉しいです」

「こうやってお会いして、噂以上だと今わかりました」

「いやあ、本当に嬉しいです」

と、さりげなく、ソフトに、優しく、満面の笑顔で、真剣に、大胆に、控えめに、遠慮しながら、そして一歩踏み込んで言うのです。

これは、言い方が悪いと逆効果になります。ですから、相当な訓練が必要です。

しかし、嫌みがなく、真心を込めて話せるようになると、スパッと決まります。

●相手を心底好きだと思えば断りは受けない

ほとんどの人は「あら、あなたうまいわね」と言いながらも頬が緩んできます。

そうこうしているうちに家の中に入れていただくことになり、そこから徹底的に商品が欲しくなるように、全力でセールスをしました。

そしてその家を出る時には、いつも私の手元には手付金が入っていました。

私は、決してウソはつきませんでした。全部本当のことだけ言いました。ただし、褒め方はその人に合うようにいろいろと変えました。

さらに事実の伝え方を工夫しました。どう表現したらお客様は喜んでくれるか、感動してくれるかということを常に考えました。売り手は喜びや、感動や、夢や、ロマンを売っているのです。商品がハードなら、セールスマンはソフトを売っているのです。

商品をただ右から左に利益だけを乗せて売るのでは、あまりにも不親切です。

私は同じ商品を売るなら、できるだけ多くのソフトを提供しようと心がけました。

ですから、お客様にはいつも大変喜ばれました。

飛び込みで断りをもらわない最良の方法は、相手を好きになることです。好きになって人間関係を築くこと以外にはないのです。

そして、もう一つ**飛び込みで大切なのは、今の逆で「断られ上手になること」です。**

どう考えても買ってくれそうもない人を見極めることです。そういう人を無理やり説得しようとしても無理なものは無理なのです。

絶対この人は無理と思ったら、さっと次に行った方がムダもありません。

飛び込み訪問で断られない方法は？
断られた？なんとか売りつけようと思ったでしょ？
ハイ 実は…
私たちは喜びや感動夢を売っているんだよ
そーか
まず相手を好きになることそして真心をこめて話せば…
Bさんから本当に良い人だと聞いてきましたが全くうわさ通りでした
あらお上手ねぇ

5 飛び込みで成約率を一挙に上げる法

●自信と熱意に勢いを加わえよう

化粧品のセールスをやっていた時の話です。

当時、私は東京・世田谷のある地域で、飛び込み訪問をしていました。ある日、五階建てのアパートを訪問しました。まず最上階のお宅から、順番に訪問することにしました。そのお宅でいつものように、いや、いつも以上に、情熱と熱意を持って大きな声で全力でセールスをしました。その結果、お客様に商品を買ってもらうことができました。

契約書にサインをもらってその家を出ると、今度は向かいの家を訪問しました。その家のブザーをピンポーンと鳴らすと、何と驚いたことに、その家の奥さんが玄関でお金を用意して待っているではありませんか！

「さっき、あなたの話を全部聞いておきましたから、もう私は買うことに決めました」

実は向かいのお宅でしたから、私の大きな声が全部筒抜けだったのです。その奥さんは私の話を、玄関越しにアプローチからクロージングまで全部聞いていたのでした。

一軒セールスに行ったら、二軒同時に売れてしまったわけです。

こんなことはさすがに初めてでした。私の熱意が同時に二軒のお客様に通じたかと思うと、嬉しくて仕方がありませんでした。

それで、私はますます勢いが出てきました。

結局、アパートだけで六件の契約を取ることができました。一〇世帯あるアパートでしたが、そのアパートでお会いできた人には全員売れたように覚えています。

たった半日の出来事です。

この経験でいかに勢いが大切かということを学びました。人がどう思うかとか、どう見られるかということは関係ないのです。

本当に商品に自信があって、自分に自信があって、絶対にお客様に喜ばれるんだという確信があれば、熱意と情熱を持ってやれば、売れる確率が高くなるということです。

●自分の心をノセてしまおう

その勢いが私に、どんなお客様でも買ってくれるとしか思えなくさせていたのです。みんな買ってくれると思ってやりましたから、本当にみんな買ってくれました。

売れるか売れないかというのは、熱意・情熱の差なのです。話し方の上手い下手ではないのです。話し方や話す内容は、いつも大体同じようなものです。

私の場合、売れる時には、「売れる！」という信号がありました。それはパンフレットや契約書の上に私の汗がポトポトとしたたり落ちることでした。自分の体に反応が起きるのです。そういう時は一〇〇％と言っていいほど売れます。それぐらい真剣にお客様のために、熱意、情熱を込めて、全エネルギーを使った時、人の心は動くということです。

私の口癖は「百万ドルの笑顔と、百万ボルトの熱意」です。「にこっ」として「クーッ」と熱意を込めて情熱を持って、全エネルギーで話すのです。

全部自分次第なんです。相手じゃないんです。

この頃から、すべては自分の心で決まってくるんだということがわかってきました。

当時はまだ何となく体で覚えたという感じでしたが、今でははっきりと、そのことを心の法則としてつかめるようになりました。

営業に係わらず、**すべての対人関係というのは、自分の心で決まってくるのです。**自分の心が変わればまわりの環境も、人の自分に対する接し方も、すべて変化するのです。

人が動かないな、感動していないなと思うようだったら、まず先に自分自身の心を見つめてみるといいでしょう。特に飛び込みの場合は、まず自分の心を勢いにノセてみる、それがお客様を動かす原動力になるのです。

飛び込みの確率を上げるには――
ありがとうございました
ピンポ〜ン
待ってたのよー買うわ！
――のようになるには
一、勢い
二、エネルギー
どあーっ
三、押せ押せ
いかがですかすばらしいあなたになりますよ
PUSH
PUSH
すべては自分の心次第
ピンポーン

◆実録佐トチャン◆嵐をよぶ社長革命

Gさんは食品
メーカーの 評判の
超ワンマン社長
何？ 提案？
一億年早いわ
バカタレ！
ゴン
コラ
金儲けに
ならんこと
はやるな
時間の
ムダだ！
ガラ
全くどいつも
こいつも誰の
お陰と思って
やがるんだ！
社員は皆社長を
怖がっています
今のままでは全員が
やめてしまいます
でも私 この会社の
仕事が好きなんです
社長室
原価計算
間違えたあ？
会社を
つぶす気か
クビだ！
あの客
やっつけに
行ってくる
からな！
そんな社長ですが
強い野心と
バイタリティで
業績は伸びて
いました
ある日
講座を受けた
社員のBさんが
社長お願いします
講座を受講して
ください
チッ
しょうがねえな
社長

講座初日
フンッ
最終日
うひっ
ぐすっ
私今まで一度も社員が本当に満足しているかなんて考えてもみませんでした
無茶なこと言ってきたのに一生懸命やってくれていた社員たちに……
初めて魂の底から「ありがとう」という気持ちが浮かびました
そして会社に戻って
私が悪かった申し訳なかった許してくれ
この日を境に社長のGさんと会社は劇的に生まれ変わりました
それまで大口の取引は高名なコンサルタントに依存することが多かったのですが独力で顧客開拓ができるようになり……

それも今まで以上に大手企業からの受注が急に増えたのです
あ 社長… え もう契約成立 三社とも上場企業じゃないですか
うん みんな君たちのお陰だ ありがとう
最近凄いね 商談二日くらいでもう契約だ
こないだはたった一日
どれもウチの目玉商品ばかり
不思議ね
社長室
何？原価計算間違えた？
すみません
よし 発想の転換だ！
え？
製造方法とか材料を変えるとか……
は？
とにかく工夫してやってみろ
ポン
はいっ

社長
この焼鳥の
タレ!
バタン
チュピ
うまい
しかもコストが
40%削減できました
やった
じゃ
ないか
その後
スーパーで
目隠しテスト
見事ライバル社
に勝利
自分の仕事以外
無関心だった職人
たちが会議に出る
ようになった
営業会議中
Gさんが社員に
顧客に社会に
魂の底から感謝の
気持ちを持つように
なったことで業績も
社員の働く姿も
大きく変化したのです

PART 5

断りのカベがウソのように消える法

わが辞書に「断られる」という言葉はない

1 絶対に断られない方法がある

●勧めるから断られるのだ

断られるのは、断られるような話し方をしているからです。

実は、絶対に断られない方法があるのです。

「こんにちは！　いやぁ、今日はいい天気ですね！」と言ったら、相手は「いらないわ」と言えません。私のセールスは、最初から最後まで、断られないような話をし続けました。商品の説明に入る時でも、断られない話し方があるのです。

例えば、お饅頭《まんじゅう》をセールスしに行ったとします。

私が相手に「これ食べませんか？」と差し出しても、その人が食べたいと思わなかったら、おそらく「結構です」と言って断られるでしょう。

つまり、勧めるから断られるのです。勧めてはダメなのです。

絶対に断られない方法は、ずっとそのお饅頭を美味しそうに食べながら、その美味しさを素直に伝え続けることです。

「これね、このあんこが全然違うんですよ。見てください、見た感じも違うでしょ。このあんこの粘り気、これを口の中に入れた時のまろやかさ、甘さ……これね、健康にもいいんですよ。美味しいですよ。まあ、食べてみないとわかりませんけどね。食べてみたらわかりますよ。いやぁ、とろけるようで旨い、本当に美味しい……」

「この皮も美味しい。最高ですよこれ。隣のおじさんも、お向かいの奥さんも『これは美味しいわ！』って病みつきになっていますよ」

そんなことを間をおかずに、一時間でもずっと言い続けるのです。いろいろな角度からいろいろな言い方で話をし、相手が「欲しい」と言うまでやり続けるのです。

そうすると、これは相手に勧めているのではないから、相手は断りようがないのです。

ただ「美味しい」って言ってるだけですから「いらない」とは言えません。

●口説かずに口説くやり方をマスターせよ

そして相手の顔を見ながら、(あっ、いよいよ欲しくなってきたな)と思ったら、「どうぞ」と食べられるようにさりげなく出してあげるのです。押し出すのではなく、どうぞこちらですよ、と引くようにおいてあげるのです。そうすれば圧迫感がないのです。

女性を口説こうとする時でも、無理に誘おうとするから「いいです」と断られるのです。自分に磨きをかけて、自分自身の魅力を自然とアピールしていれば、「この人、いい人だわ」

ということになって、口説く必要もなくなります。

これと同じで、ほとんどのセールスマンはすぐにお客様に勧めよう、売ろうとしてしまいます。全然意味のないことです。いかに相手から身を乗り出させるかです。

そして少し身を乗り出してきたら、すかさず相手を褒めてあげるのです。

宝石の場合だったら、「さすがお分かりですね。やっぱりこれに目をつけました？　見る目のある人ほど、これいいって言うんですよ」と褒めてあげます。

そうすると自分が興味を持って、なおかつ「見る目がありますね」と褒めてもらったので、ああ、間違いないんだ、と確信を持つことになります。

女性が洋服を選ぶ時も同じです。いろいろ見ているうちに、これがいいかなと思うものが出てきます。そこで足が止まった瞬間、「あっ、やっぱり！」と言ってあげるのです。「そうなんです。目の高い人はみんなこれに目をつけるんですよ。やっぱりお客様もこれですね。さすがです」と言ってあげるのです。

この時点でも、まだ何も勧めてはいません。ただ相手の動きに沿ってあげているだけです。だから相手は共感するのです。なのに相手の気にいったものをすかさず売ろうとするから、「いらない」ということになるのです。相手の気持ちに乗ってあげればいいのです。

相手に乗ってあげるのですから、断られることはないのです。

買いませんか？
いらないわ
勧めちゃいけません
え？
美味しさを素直に表現するだけ
んまい
このあんがいいんですよ皮も絶品！
ゴク
あの…
あ いいですよ どうぞ
ホントに美味しい買うわ！

2 それでも断られると心配なら、この手を使う

●断られた時の切り返しのトークはこうする

営業マン教育や、営業マニュアルなどを見ていると、「販売は断られた時から始まる」というように教えられているようですが、私はそれは間違いだと捉えています。

ちょっとあなた自身のことを考えてみてください。人に何かお願いをされた時に、あなたは断るのと受け入れるのでは、どちらが心地よいですか？

まず断る方が心地よいとは思わないはずです。

誰でも断ることは嫌いなのです。それでも断らざるを得ない状況を作る営業マンの方に問題があります。

人は誰に対しても受け入れたいし、仲良くありたいし、楽しくしたいのです。不調和を招くより、人と調和していた方がみんな気分がいいに決まっています。

ですから、販売に行ってお客様に断られるというのは、お客様に対しても失礼なのです。お客様に喜んで受け入れてもらえれば、お客様もあなたも気分がいいのです。

もちろん会社も喜ぶでしょうし、すべてがいいのです。

そのためには、「断られる」という言葉を、あなたの心の世界から抹消するのです。

何かを勧めたり、お願いをしたりするから断られるのです。

どうしたら断られないかというと、あなたの扱っている商品の素晴らしさや、あなた自身の人間性の素晴らしさ、そしてお客様の素晴らしさを表現していればいいのです。

商品の素晴らしさを表現するというのは、例えば宝石の場合なら、宝石の美しさ、宝石の歴史、宝石の価値、宝石の財産性などをわかりやすく伝えるということです。結婚式やパーティーに出席して、みんなから注目されているシーンや、それを受け継いだ娘さんがお母さんの形見として大切にしている将来像などを描いてみせるということです。

自分自身の素晴らしさを表現するというのは、決して「私は素晴らしい」と自分を売り込むことではありません。あなたの誠意、約束を守る信頼性、笑顔、ちょっとした思いやりのある仕草、熱意、情熱、痒いところまで手が届く親切さ、そういうものが結果的にあなたを売り込むことになるのです。

●「断られる」という常識を捨てよう

お客様の素晴らしさをお客様に表現する方法もいろいろあります。着ている洋服、人柄の良さ、心の素直さ、家柄、ご主人のこと、奥さんのこと、ご両親のこと、子どもさんのこと、お友だちのこと、家、庭、植木、車、置物、掛けてある賞状、飾ってある絵画など、あなたが素晴らしさを表現できる対象はいくらでもあります。

相手の素晴らしさは、あなたが注意深く観察をしていれば無限に発見できるものです。そういう話を続けていれば、お客様は決して飽きずに聞いてくれるのです。

このように、商品や自分やお客様の素晴らしさを、いろいろな角度から話をし続けていれば、その中に必ずお客様が「あっそうか！」とピンとくる部分が出てきます。

さらにそこに集中して話していくと、お客様は知らないうちに受け入れ、知らないうちにサインをしてくれるのです。

ですから、「断りは挨拶代わり」だとか「セールスは断られてからがスタート」という従来の常識は一度壊して欲しいのです。断られてから切り返すというのは、お客様と駆け引きをしているようで、とても本物のセールスとはいえないと私は思います。

本当は誰もが人を愛したいし、人と仲良くなりたいはずです。その本来の姿のままお客様と接すればいいのです。

あなたが訪問者なのですから、あなたの方からお客様のよい心を引き出せるようにリードしてあげるのです。商品の素晴らしさやお客様の良さを、言葉に出して表現し続けていれば、断られることは絶対にないのです。

◆今までのセールス
「販売は断られた時から始まる」
断られた時の切り返しトークはどうする？
なにをーっ よおーし 売ってやる
スタート！
お断りだね
これではうまくいきません

◆究極のセールス
「販売は好かれてから始まる」
これを見るたびに娘さんやお孫さんが…
お母さんの人生は幸わせだったね
うん私もそう思う
あなたいい人ね
セールスは駆け引きではないのです

3 断られない話し方がちゃんとある

●相手の都合に合わせて話すことにつきる

断られないコツは、相手の都合に合わせて話すことにつきます。逆に自分の都合で話していると簡単に断られます。

訪問セールスとは少し違いますが、断られないためにはこんな話し方をすればいいんだなという、私がコツをつかんだエピソードがあります。

私が化粧品会社に入って一年目、セールスマンとしてまさにヒヨッコの頃の話です。

その会社がある時、イベントをやることになりました。お客様に着物の着付けを無料で教えるというものでした。もちろん、目的は最後に化粧品を買ってもらうことにあります。お客様に会場に来てもらうために、ダイレクトメールを送ったのですが、どういうわけか、当日会場にはお客様が一人も来てくれなかったのです。

さすがにこれは大変なことだとなって、所長が慌てて「営業マン全員表に出て、道を歩いている女性を会場に連れて来い!」という命令を下しました。

要するにナンパをしてこいというわけです。

私たちは東京・渋谷の街を歩く女性たちを会場に連れてくるべく、外に出ました。

私は新人だったので、プラカードを持って立っている役でした。

そして先輩の営業マンたちが一人一人歩いている女性に声をかけますが、誰一人会場に連れて行けません。私はただプラカードを持って様子をじっと見ているだけでしたが、なぜか腹の底からメラメラとやる気がでて、自分がやってみたくなりました。

「先輩、私にちょっとやらせてもらえませんか」と言って、一人一人声をかけ始めました。

ところがやはり、私がいくら声をかけても道行く人みんなに無視されて、一人も会場に連れて行けませんでした。二時間ほどがんばりましたが、全くダメでした。

●相手の得になることをとことん話せ

しかし通る女性に一人残らず無心になって声をかけているうちに、だんだん私から出る言葉の中で、相手が一瞬ニコッとする言葉があることに気づきました。

そして声をかけているうちに、徐徐に言葉を絞るようにしました。

それは歩いている人にとって、いかに得になるかという言葉だったのです。

それは、「着付けが無料で習えます」「お帰りに粗品が出ます」「場所はすぐそこです」「冷やかしで結構です」「いやだったらすぐ帰って結構です」の五つの言葉でした。

この五つのキーワードを歩く速さに合わせて話しているうちに、若い女性のグループなどがニコニコして「じゃあ、ちょっと行ってみようかしら……」と会場に足を運んでくるようになりました。そうしたら次第にどんどん確率が高くなってきて、ジャンジャンお客様を連れてこれるようになったのです。

結果的には、私一人で会場を満杯にしてしまいました。

翌日、私は所長からえらく褒められました。「昨日は佐藤君のお陰で助かったよ。一時はどうなることかと思ったけど、君のお陰で会場も賑わったし、売上も随分上がった」

私たちが自分の都合で話をするのと、**相手の都合で相手の立場に立って話をするのとでは、まさに天と地ほども差があるということです。**

会場に人を連れてこなければいけないというのは、会社の都合であり、自分たちの都合です。道を歩く人たちには、何の関係もないことです。

買い物に来た人、食事に来た人、デートの待ち合わせ場所に急ぐ人、それぞれいろいろな目的で歩いているのです。そんな人たちの都合を考えて、そういう人たちがどうしたら来てもらえるかを考えて話すのです。この日一日の経験で、とても大切なことを学びました。この時に学んだことが、私のセールスの基盤になっています。

断られない話し方とは？
とことん相手の得になることを話す
着付けが無料で習えます
お帰りに粗品が出ます
場所はすぐそこです
冷やかしで結構です
いやだったらすぐ帰って結構です
えっホント？
じゃ行ってみようかしら…
ん…なになになに？

4 「検討します」で次に続かない時の対処法

●売りに行かずに会いに行こう

大手のシンクタンクに勤務する三〇歳の営業マンから、こんな質問を受けました。

「わが社のシステム商品を導入してもらうため、企業にいろいろと提案に行くのですが、『それでは、検討しておきます』と言われて、その後がなかなか続かないのです。どうすれば次に進められるでしょうか？」

次に続かないというのは、その商品を通じてしか付き合っていないからです。商品がなければその担当者との人間関係が切れるということです。

そうではなくて、その逆にならなくてはなりません。商品は関係ないのです。私とあなたという人間関係を作るということです。

それは相手が個人であっても、企業の担当者であっても同じです。

彼の場合は、恐らく一生懸命勉強もして、お客様にも丁寧に商品の説明をしているようです。しかし、残念ながら担当者との人間関係作りができていないのです。

商品はいったん横に置いて、「私はあなたに会いに来ているんです。商品を売りに来たんじゃないんです。今日はあなたの顔を見に来たんです」くらいの気持ちで行くのです。

そうしたらいつでも会えるようになります。

例えば、「この前趣味の話をしましたねえ。あの話をもう少し聞かせてください」と言えば、仕事とは全然関係ないけれど、ちゃんとつながるのです。相手との関係をつなぐきっかけはいくらでもあるはずです。

商品だけが相手との接点だったら、その商品がいらなくなったら、全部関係はダメになってしまいます。もうお互いに会う意味がないから、そこでジ・エンドです。

ですから商品は後ろに置くくらいでいいのです。

●早く商品に会いたくなる気にさせよう

前出の営業マンは、さらに次のように聞いてきました。

「それならば相手にとって、重要な人だと思ってもらえるような実力がないと、ダメということでしょうか……？」

ところが、そんなことを考えてもダメなのです。

最終的にお客様は商品を買うために会っているわけであって、営業マンはその商品の受け渡しをする人です。ちょうど営業マンは、仲人のような存在なのです。

結婚を決める時にしても、その女性と引き合わせてくれた仲人はどんな人でもいいはずです。ちょっと変な人でも、未熟な人でも、そんなことは関係ありません。

要は相手が良ければいいのです。**仲人に求められるのは、スムーズに相手と引き合わせることと、相手のことをわからせることだけです。**

「凄い美人だけど、お高くとまっていることもないし、とても気さくな子なんです。それに思いやりがあって、本当にいい子ですよ」

そう伝えれば、男なら誰でも、早くその女性に会いたくなるでしょう。

時には仲人には、長年のキャリアがない方がいいことすらあります。キャリアがあると、（この人とあの人ではうまくいかないんじゃないか……）とか、余計なことを考えてしまうからです。先入観が邪魔をしてしまうのです。

営業マンも同じで、経験があるとそれが邪魔になることがあります。（この人はなかなか契約してくれるタイプじゃないな）とか、経験から勝手な憶測をしてしまいます。

営業マンはあくまでも仲人ですから、お客様と商品とを引き会わせることに徹することが大事なのです。そのためには、透明になることなのです。

決して実力がないとダメ、ということではないのです。誰でも最初から実力があるわけではありません。実力や経験がなくても、ちゃんと伝えることができればいいのです。

「検討します」と言われて
次に続かない時……
検討
しましょう
ありがとう
ございます！
ところで……
（本題に入る）
うん
検討して
おきましょ
ハイ
ありがとう
ございます！
それで……
（本題に入る）
今すぐに「検討してください」
という気持ちで
本題を進めていきましょう

5 断り突破の究極の方法

●わが辞書に「断られる」という言葉はない

究極の断り突破の方法は、断られるという概念を消すことだと私はとらえています。

これが、私が本書を通してみなさんに一番伝えたいことです。究極のセールスをやれば、断られるということがないのです。どういうことか簡単に説明します。

まずこれを理解するためには、人の精神構造を正確に知る必要があります。

人の精神構造は三つの層から成り立っています。

一番浅い層が知識や思考といった、いわゆる頭で考える部分です。

その奥の中間層が「遺伝子の記憶」です。わかりやすく「過去の記憶」と言うこともできます。心と言うこともできます。宗教では業《ごう》やカルマとも呼ばれています。

これは親や先祖からの遺伝や、子どもの頃からの育てられ方、過去のいろいろな経験などによって形成されていきます。この部分が大変深い層になっています。

そして一番奥にあるのが真我です。これは、ほんとうの自分、愛そのもの、光、宇宙意思、実相ということもできます。

これらをそれぞれセールスの場面に置き換えてみると、次のようになります。

まず、一番浅い層の頭で考えると、「このお客様にはこうやって売ってやろう」というように、作戦を立てる売り方になります。

しかし、これはセールスマンとして本物とは言えません。なぜならば、そうやって考えたとおりにいくとは限らないからです。実際には途中で電話が入ったり、ご主人が帰って来たりと状況は刻一刻変化し、その状況と全く同じものは何一つないのです。

ですから、今直面している状況の中で、お客様に最大限喜ばれ、感謝されるためには何をするべきなのかを、瞬間瞬間に判断できるようにならなければなりません。

●「断られる」という概念のない世界とは?

ところが、その瞬間の判断を決めるのが、中間層の「遺伝子の記憶」です。この部分にマイナスの観念がたくさん詰まっていると、なかなか適切な判断ができなくなります。

例えば過去にだまされた経験を持つ人は、人と接する時にまただまされるんじゃないかと本能的に感じてしまうものです。人から阻害された経験のある人は、お客様から断られると、「やっぱりダメか」とすぐにあきらめてしまいます。

そしていつの間にか、断られるのが当たり前になってしまうのです。

瞬間の判断はこの「遺伝子の記憶」によってなされるので、これを変えなければならないということになります。これを健全な方向に変えない限り、消極的な人は消極的なまま、自信のない人は自信がないまま過ぎていき、未来は永遠に変えられないのです。

宗教などは、本来そのマイナスの記憶を消す役割なのですが、いくら修行を積んでもなかなか解消できないのが現状です。「教え」を頭で学んでいるに過ぎないからです。

実は、この「遺伝子の記憶」を全部きれいにすることができるのが、一番奥にある真我なのです。真我を自覚し、真我を開発できれば、過去のマイナスの記憶はすべて一瞬にしてきれいになります。真我は愛そのものであり、光であり、宇宙意思だからです。

ちょうど暗闇に光を当てたら、全体が一瞬にして明るくなるのと同じです。私が主宰している「真我開発講座」では、まさにこのことを体感していただくわけです。

今までたくさんの人たちが受講しましたが、各人が真我を自覚することにより、悩んでいた問題が一瞬にして解決したり、営業成績が劇的に飛躍したりという例は枚挙に暇がありません。

このことにより、まさしく直観力が発揮され、プラスの発想が生まれ、**言葉も行動も人相さえも変わります**から、人間関係が見違えるほど良くなり、結果として業績も運命も良くなっていくのです。営業をやっても、断られるという概念すら消えてしまうのです。

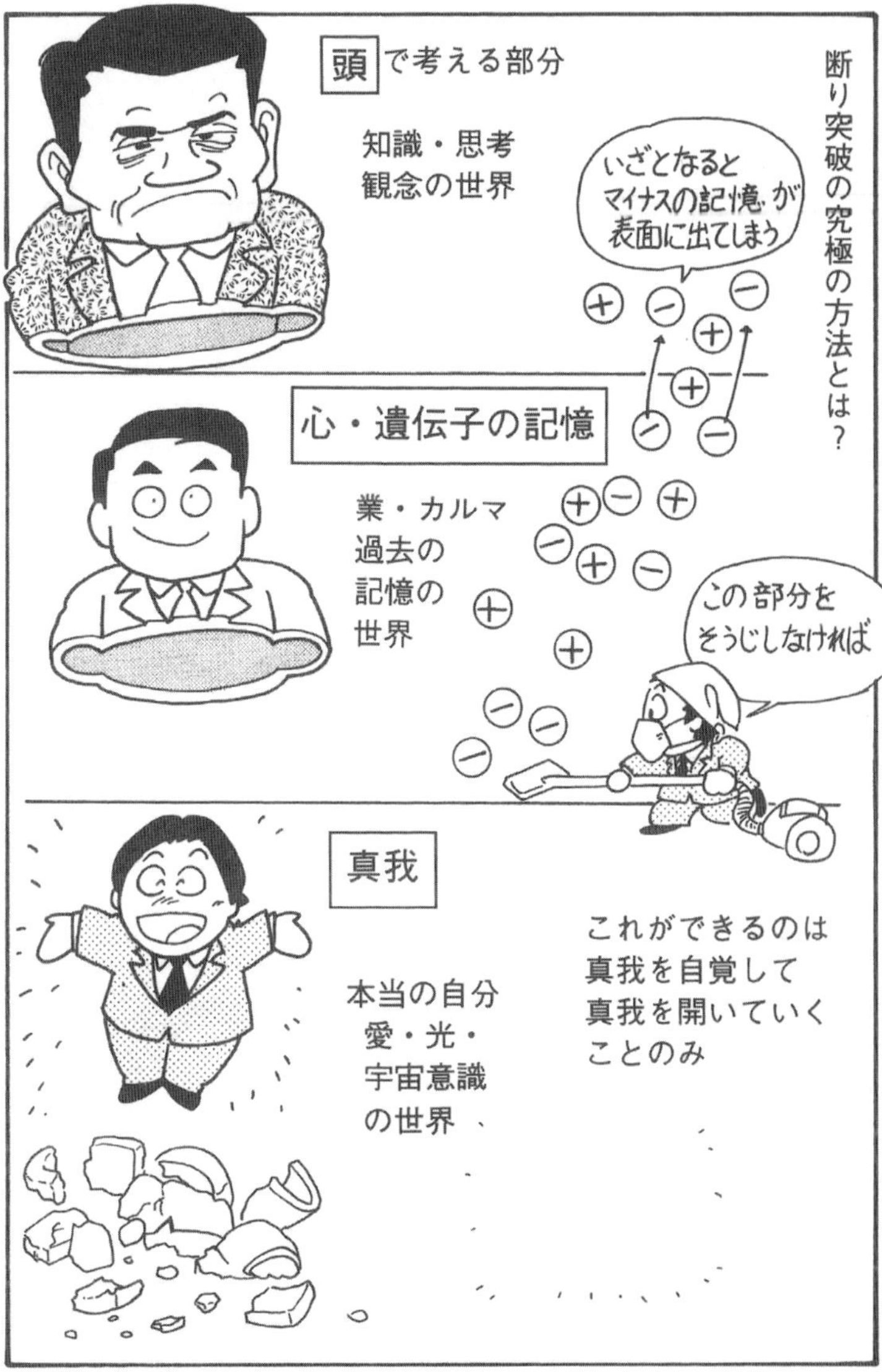
断り突破の究極の方法とは？
頭で考える部分
知識・思考
観念の世界
いざとなると
マイナスの記憶が
表面に出てしまう
心・遺伝子の記憶
業・カルマ
過去の
記憶の
世界
この部分を
そうじしなければ
真我
本当の自分
愛・光・
宇宙意識
の世界
これができるのは
真我を自覚して
真我を開いていく
ことのみ

◆実録佐トチャン◆究極のセールスマン実在

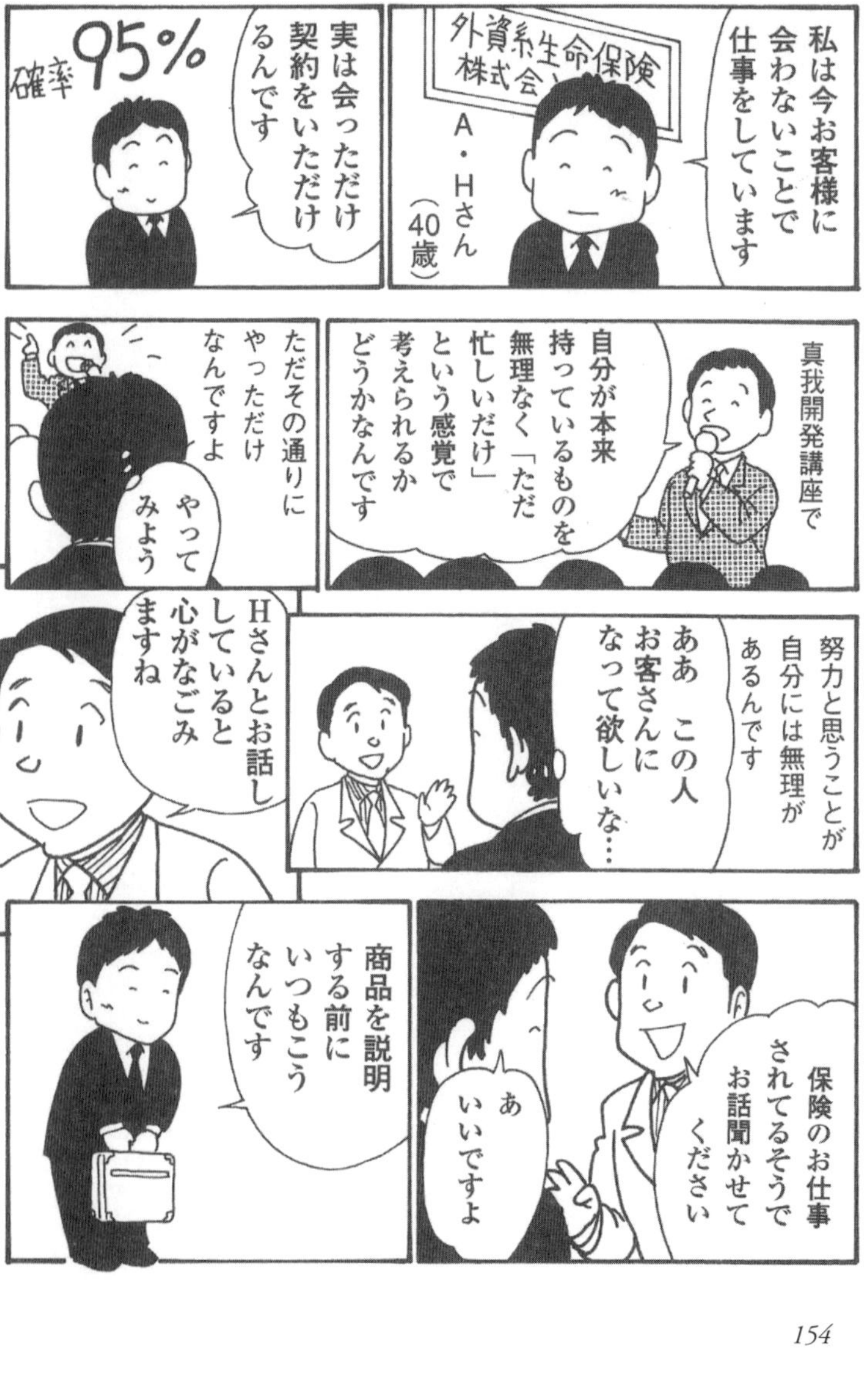
外資系生命保険
株式会
私は今お客様に会わないことで仕事をしています
A・Hさん（40歳）
実は会っただけ契約をいただけるんです
確率95%
真我開発講座で
自分が本来持っているものを無理なく「ただ忙しいだけ」という感覚で考えられるかどうかなんです
ただその通りにやっただけなんですよ
やってみよう
努力と思うことが自分には無理があるんです
ああ　この人お客さんになって欲しいな…
Hさんとお話ししていると心がなごみますね
保険のお仕事されてるそうでお話聞かせてください
あ　いいですよ
商品を説明する前にいつもこうなんです

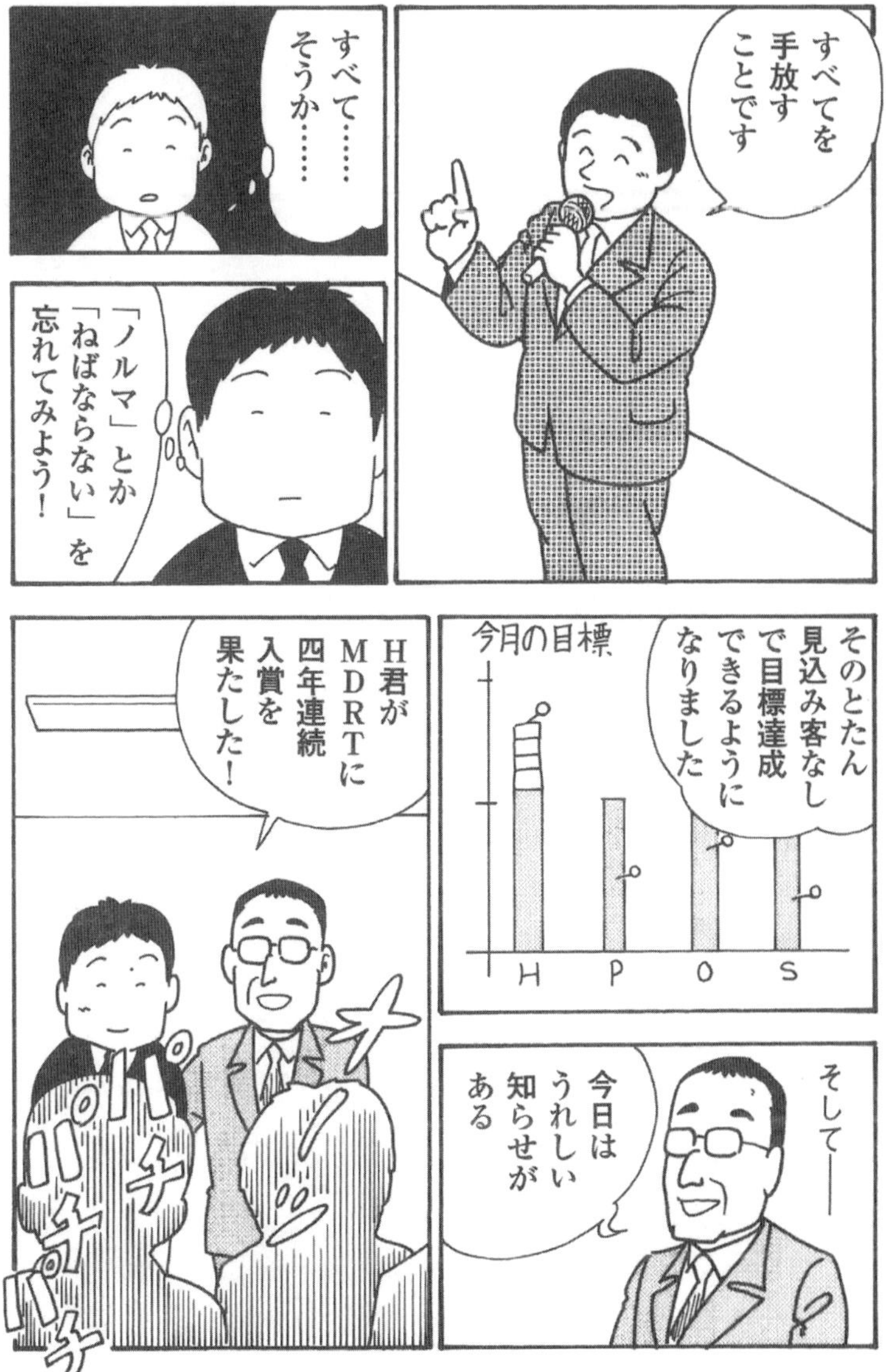
すべてを手放すことです
すべて…… そうか……
「ノルマ」とか「ねばならない」を忘れてみよう!
そのとたん見込み客なしで目標達成できるようになりました
今月の目標
H P O S
そして――
今日はうれしい知らせがある
H君がMDRTに四年連続入賞を果たした!
パチパチ
パチパチ

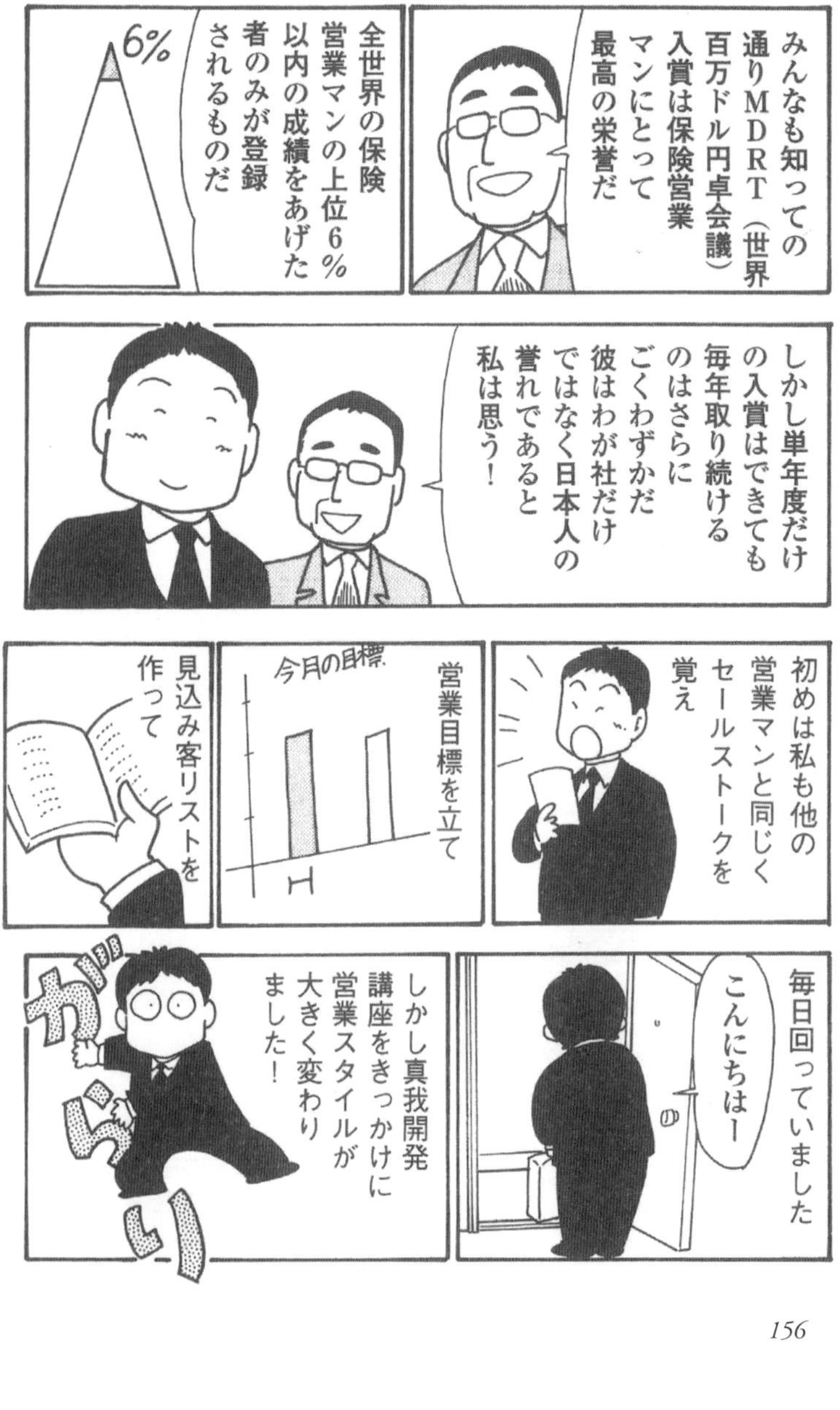

みんなも知っての通りMDRT（世界百万ドル円卓会議）入賞は保険営業マンにとって最高の栄誉だ
全世界の保険営業マンの上位6％以内の成績をあげた者のみが登録されるものだ
6%
しかし単年度だけの入賞はできても毎年取り続けるのはさらにごくわずかだ彼はわが社だけではなく日本人の誉れであると私は思う！
初めは私も他の営業マンと同じくセールストークを覚え
営業目標を立て
今月の目標
見込み客リストを作って
毎日回っていました
こんにちはー
しかし真我開発講座をきっかけに営業スタイルが大きく変わりました！
がらり

セールストークも
目標も
見込み客
リストも
全部手放し
ました
そうすることで
人の役に立てて
相手に与える
セールスを考える
ことができるように
なったのです
そしていつも
出会う人のため
だけを考え
その人に貢献する
あり方に変わった
のです
今は営業の時に
何も持ちません
見込み客リストも
持たないんです
いつも出会い頭
です
人として目の前の
人のために何が
できるだろうかに
集中するんです
Hさん
私にぜひ
保険の話
聞かせて
くださいよ

PART 6

売りにくい商品でも売れてしまう法

常識にとらわれないほど、うまくいく

1 ニーズを感じないお客様に提案する方法

●お客様の興味を探り当てていく

目の前に料理の写真があっても、全然食べたことがなく、さほど美味しそうにも思わなければ、わざわざお金を出して食べたいとは思わないでしょう。

しかし、何かの機会にごちそうをしてもらったら、もの凄くおいしくて病みつきになるということがあります。ほとんどのお客様は食わず嫌いなのだと思えばいいのです。

欲しいという気持ちがまだないお客様には、縦と横の提案をしていくのです。

縦の提案というのは、「将来こうなりますよ」ということです。横の提案というのは、今現在において、「こんなに違った使い方や楽しみ方もあるんですよ」ということです。

お客様がまだ気付いていない喜びを発見するお手伝いをするのが、セールスマンの仕事です。ですから、いろんな提案の仕方を考えていけばいいのです。

こういう世界があるんですよ、こんな喜びが体験できるんですよ、こんな使い方ができるんですよ、と語りかけていくのです。

ただし、ここで一番大切になってくるのが、お客様と会話を噛み合わせることです。ただ一方的にあれこれと提案するだけでは、相手は聞いてくれません。それには、何よりもお客様がどんなことに興味を持っているのかをつかまなければいけません。

家に飾ってあるものや、置いてあるもの、インテリアのセンスなどである程度はわかります。玄関に入ったら、壁に絵がかけてあるかもしれませんし、盆栽が置いてあるかもしれません。相手の興味のありそうなものに、まずは興味を持つようにするのです。

そして三〇分なら三〇分と決めて、お客様に興味のあるものの話をしてもらうのです。その後でこちらの話をして、次第にこちらのペースに持っていけばいいのです。

●相手が喜んで話し出すテーマに絞る

相手の話を引き出すときのポイントは、いつでも、置かれた状況の中で、相手が一番話しやすいものが何かを考えていくことです。これを的確に判断するためには、己をなくさなければいけません。そして品物を売ろうという気持ちさえもなくさなければなりません。

とにかく究極のセールスマンは、お客様に喜んでもらうことを何よりも優先に考えるのです。喜んでもらうことが一番ですから、結果として商品を買っていただいても、いただかなくても、関係がありません。途中で時間がなくなって帰ることになっても、お客様には、常にさわやかな印象を持ってもらえるようにすることです。

商品を見せる段階までいけば、今度はお客様の目がどこに行っているか、手がどこに伸びているかをよく観察することです。必ず無意識に興味のあるモノに目が行き、手が伸びるはずだからです。

そして同時に、探りを入れるのです。二つ商品を並べて見せて、「これとこれとでは、好きなタイプはどちらですか？」と聞くのです。

この時に、「これはどうですか？」という聞き方だと、買うか買わないかを迫っているように受け取られてしまいます。相手にYES・NOをいかに思わせないかがポイントなのです。「好きなタイプはどちら」というのは、単に好き嫌いを聞いているだけですから、この問いかけだと、誰でも抵抗なく答えらます。

そうやっていち早くお客様の趣向を発見し、徐々に商品を絞り込んでいくのです。

具体的にいくつかの商品に少しでも興味を持ち始めたのがわかれば、商品それぞれについて、端的にかつわかりやすく説明を加えるのです。この時のコツは「四コママンガ」のように話すということです。**ポイントを絞って、区切って、短く話すのです**。長い説明はお客様が途中で違うことを考えたら、全然耳に入らなくなってしまいます。

料理だったら、「これは甘酸っぱくて、舌にとろけるような感覚が何ともいえず美味しいんですよ！」というように話すと、相手にイキイキと伝わり印象に残るのです。

1、空間の提案

ニーズを全然感じていない
お客様にはこういう提案を

本人は使えないが
ご主人や子供さん
友人には使える
かもしれない

2、時間の提案

今は
いらないわ
三年後
一年後
半年後
三カ月後

今は必要ないかも
しれないけれど　半年後
1年後このように変化
したら必要になりますよ
（保険・金融商品・
設備投資など）

2 他社より劣っている商品をどう売るか？

●付加価値の付け方はいくらでもある

お客様は、他社の商品と自社の商品を天秤にかけます。そして他社の商品の方が重かったらそちらを買うのは当然のことです。

しかし、天秤に乗せるのは商品だけではありません。

もし、商品だけを単純に比較して、他社の方に軍配が上がるとすれば、こちらには商品以外の付加価値をどんどん乗せていくしかありません。

いろいろと乗せていって、やがてこちらにストンと落ちれば、こちらに軍配が上がります。ですから、落ちるまで乗せ続けていくしかないでしょう。

そのためには、いろんな付加価値を発見し続けなければなりません。ことあるごとに、それらをノートに書き出して整理してみるのです。

付加価値にはさまざまなものがあります。これが豊富にあればあるほどいいのです。

例えば、私が宝石のセールスをやっていた時は、次のようなものを付加価値として商品と一緒に乗せていました。

トラブルがあった時のアフターフォロー体制、宝石自体の知識、宝石を持つことによって得られる喜び、宝石にまつわるエピソードやロマン、手入れの仕方、私との信頼関係、いつでも相談に乗ってあげられること、会社の信用、近所にもお得意さんがいるという情報、下取りが利くという保証、鑑定書、等などです。

ダイヤモンドを売る時は、「結婚式に出席される時には、やっぱり何といってもダイヤの指輪が一番ですから」と言い、真珠のネックレスを売る時は、「真珠の涙といって、冠婚葬祭どれにでもお使いになれる必需品ですから」と話しました。

機能的なメリットもあれば、夢やロマンを付加価値として乗せることもできます。考えればいくらでも出てくるものです。

●正直に伝えてこそ信頼も生まれる

付加価値にはこういったものだけでなく、セールスマン自身の言葉や態度、雰囲気も入っています。それがお客様に安心感を持たせたり、親しみを持たせたりするのです。

注意をしたいのは、途中でお客様に、「A社の商品の方がやっぱりいいのよね」と言われた時の対応です。

その時に、ビクッと慌てて「いいえ、決してそんなことはないですよ。ウチのはですね……」とやると、（あっやっぱり……）と思ってしまいます。

そういう時は、むしろ堂々と「はい、よくご存知ですね、その通りです」と最初から分かっているかのように持っていくのです。そして一旦正直に認めた上で、「しかしウチには……」というように、そこから付加価値を積み上げていくのです。

そうすれば、（この人誠実な人ね……）と思ってもらえますから、話の信頼性がグッと高まるのです。小手先のトークで適当にごまかすのではなく、あくまでも事実に正直に話し、そして誠実に接することなのです。

他社の商品と比べていなくても、お客様が買おうかどうしようかと迷っている時は、商品とおカネとを天秤にかけているのです。おカネのほうが重いうちは買わないですし、**商品の価値の方が重くなったら、ケチな人ほど買うのです。**

誰もが「損はしたくない、できれば得をしたい」と思っています。

例えば一〇万円の商品の方が、一〇万円のおカネよりも価値があると思えば、損得勘定にシビアな、厳しい人ほどさっと買うのです。

ですから、自社の商品の長所と短所を正確に把握しておき、良いことばかりではなく、他社より劣っている事実があれば、それはそれとして正直に伝えることです。

そのことによってメリハリが生まれ、お客様からの信頼も得ることができるのです。

まっずーい
明らかに他社よりも
劣っている！
他社商品
自社商品

あわてない
あわてない
付加価値を
のせていこう
信頼関係
夢
ロマン
喜び
知識
用途
アフターフォロー
自社商品
付加価値
他社商品
ズシ
●下に落ちる力は売る人の心

3 売りづらいものでも、こうすれば売れる

●究極的にはカタチの有無は関係ない

「カタチのないものは売りづらい」と言われますが、それは大きな間違いです。実を言うと、カタチのないものの方が売りやすいのです。

見えるものは、見せた瞬間、「あっ、それ嫌い！」と言われたら、それ以上話のしようがありませんね。「私の好きなのが全然ないわね」で終わってしまう可能性があります。

それに、見える商品は山ほどあります。宝石にしても、お店に行けばいくらでも並んでいます。普通の人なら「どうせ買うのなら三越のような有名で信頼の置けるお店で買ったほうがいいわ。わざわざどこの馬の骨ともわからない一介のセールスマンから買うことはないわ。ひょっとしたら詐欺かもしれないし……」と思うのが普通です。

宝石のセールスなんて、最初は一〇〇％疑われるのです。

また、カタチのないものは見えないから、ボロも出ません。しかし、カタチのあるものは、見て何か気に入らないものが少しでもあると、お客様はそれにこだわって「やっぱり

やめた」ということになりやすいのです。

宝石の場合は、小さくても傷があることに気がつくと、買う気持ちをなくしてしまう場合があります。例えなくても、「傷」という言葉は、絶対に使ってはいけない言葉でした。「傷はないですよ」と一言でも言うと、お客様には「傷」という言葉が残り、（ひょっとしたらどこかに傷があるのかも……）と心配になってしまうのです。

「信用」という言葉も使ってはいけない言葉でした。「ウチは信用ありますから……」と言うと、逆に（あっ、そういえばこの人信用ないわね）となってしまうのです。

その点、カタチのない商品はセールスマンの腕次第で何とでもなるのです。

ですから、カタチのない商品のほうがずっと売りやすいのです。

私はカタチのあるなしも信用のあるなしも、究極的にはあまり関係ないと思っています。究極のセールスはそういったものをすべて飛び越えるからです。

熱意とエネルギーと愛と笑顔があれば、すべての障害は飛び越えてしまうのです。

お客様に熱意や愛が伝われば、どんなものでもどんな状況でも売れるという自信があります。本物のセールスマンになるためには、そんな人間になればいいのです。

●「こんなセールスは初めて」と言われたら本物だ

私は、一度お客様の家を訪問すると、まさにエネルギーと情熱で火の玉のようになります。私が話し出すともう大変でした。立ったり座ったり、小さな声で話したり、大きな声で話したり、近づいたり、離れたり、笑ったり、真剣な顔をしたり、絶対にお客様を飽きさせません。

話をしている時は、お客様は寝ていると思って話をしました。お客様はこちらを向いて「ふん、ふん」と聞いているのですが、相手は寝ていると思い込むのですから、たまに起こさなければなりません。そこで、お客様の腕をトントンとたたいて、耳もとで「〇〇さん。実はこれはめったに入らない宝石なんですよ」と囁いたりしました。大したことを言っているわけではないのですが、それでお客様はハッと目を覚まします。

いろいろなセールスマンが毎日のように訪ねてくるのですから、（こんなセールスマン見たことがないわ）と思ってもらえるように心がけなければなりません。

ある社長夫人などは、私がセールスに行くと、買う気など全然ないのに二人の息子を同席させて、「この人のやり方をようく見ておきなさい」と言って、教育材料にされたこともありました。何だか変な気分でしたが、お役に立てるならと一生懸命やると、結局は授業料ということで買っていただきました。**売りつけてやるという「奪うセールス」ではなく、「与えるセールス」をやるのです。**（もうこの人にはだまされてもいいや）と思ってもらえるくらいになるのです。そうなれば、本当に無敵です。

実はカタチの無いものの方が売りやすいんです
・形のあるものの場合
カタチの無いものは売りづらいと言いますが…
あ こういうの私嫌い！
カタチがあると
これでおしまい！
良くも悪くも
結論は早い！

・カタチの無いものの場合
可能性は無限大
目で見えない
良し悪しの返事がすぐにできない
持っていき方によって無限の可能性がある
だからセールスマン次第
熱意・
情熱を持って
セールスしよう

4 お客様に合ったプレゼンテーションとは？

●買わせ上手になろう

私がセールスを始めた頃は、一日に二〇〇軒から三〇〇軒訪問して、やっと一軒から二軒売れるという状態でした。

しかし、毎日必死でセールスに取り組んでいるうちに、グングン売れる確率が上がっていき、その内どんな人にでも、一〇〇％近く売れる自信が付くまでになりました。

宝石を売っていた時には、宝石をまったく必要としない彼女のいない独身の男性にでも、ジャンジャン売りました。

会社でも、独身の男性にダイヤモンドを売りまくったのは私くらいのものでした。

私のセールスは一〇〇人と話せば一〇〇人に売ろうとすることです。そして実際にお客様と話した回数と契約件数がそれほど変わりませんでした。普通は一〇〇人に話して三人に売れれば優秀なセールスマンと言われます。私のようなセールスマンは珍しいはずです。

しかし、私は絶対に押し売りはしませんでした。本当にお客様が欲しくなるように持っていくことができましたから、お客様に「売る」という意識がなくても、結果として「売れる」のでした。常に「売る」ではなく、いかにお客様に「欲しくなってもらうか」を考えてセールスをしたのです。

セールスマンは口が上手くなければダメだとか、聞き上手じゃないとダメだとか言われていますが、私は究極のセールスマンの条件は「買わせ上手」だと思います。どんなにプレゼンテーションや聞き方が上手でも、お客様に買っていただかなければ、セールスマンの存在価値がありません。いくら上手いセールストークを使っても、ワンパターンだと一〇〇軒中せいぜい三軒売れればいい方です。

どんなお客様にでも売れるようになるためには、常に置かれた状況の中で臨機応変に対応していくしかありません。本当にお客様に合ったプレゼンテーションをするためには、これしかないのです。その状況状況によって、瞬時にパッパッと一番的確な言葉が出てくるようになることです。

●商品ではなく、お客様の喜びを売る

何しろ訪問するお宅には、どんな人が出てきて、どんな状況が待っているかまったく分かりません。人はみんな違う顔形をして、違った考え方や趣向をしています。話の途中でご主人や子どもが帰ってくるかもしれません。

そんな一つ一つ違った状況に応じて、話し方も、聞き方も、態度も使い分けていかなければなりません。そうやってお客様をリードしていくのです。

これは考えてできることではありません。考えると作戦の世界になりますから、当たりはずれが出てきます。（この人はこういうタイプだから、あのトークで……）と思っても、それが全然はまらないことも多いのです。

そのためには、私は「考える」のではなく、「観る」ことが必要だと思っています。

今の目の前の状況を「観る」のです。そこに集中し切ると、今何を言えばいいか、何をすればいいかがパッとわかる世界があるのです。**誠心誠意全力でやっていれば、自然と出てくる言葉があるのです。それは本物なのです。**自分が何をしゃべっているのかわからないくらい真剣な時に、ちゃんと的確な言葉が出てくるのです。

トップレベルのサッカー選手が無意識にボールを蹴ったら、最高の所に行ったという話をよく聞きますが、まさにそういうことが起きてきます。それくらいポーンと目の前の状況に集中し切るのです。そうすれば今どこが急所なのかが自ずと見えてくるのです。

途中で子どもが帰って来たら、しばらくは子どもと遊んであげることかもしれません。

一番のポイントは、最初から最後まで「お客様に喜んでもらうため」ということに徹し切ることです。私は商品ではなく喜びを売っているんだということです。

お客様に合ったプレゼンテーションをしよう

私たちは喜びを売っているのです

まず目の前の状況を観る

肉眼で見て心で感じる

⇦

瞬時に状況を把握し的確な言葉を話せるようになる

初めて会ったネコちゃんに好かれるなんて初めてですよ
一つ見ていただきたいネコちゃんグッズがあるんですが…

・商品のニーズをよりたくさん考えておく

・さまざまなもので訴える（情・実利・利便性・喜び・愛 etc.）

PART 7

百戦百勝のクロージング法

どんな障害も飛びこえる無敵のやり方がある

1 クロージングの決め手は「証人」と「証拠」

●「すでに買った人のリスト」を示す

クロージングの決め手は、「証人」と「証拠」を出すということです。

飛び込みセールスの場合、お客様にとっては、私はどこの馬の骨だかわからないセールスマンですから、まったく信用がありません。その上、会社も小さな会社でしたから最初は信用がありません。その点では有名デパートなどにはまったく太刀打ちできません。

ですから、セールスがある程度進み、「買ってもいいわね」という段階になった時に、最後は本当に売り手を信用できるかどうかになります。

その時、私が取ったお客様に信用してもらう方法は、「証人」と「証拠」を出すということでした。

まず承認を得るために、私はすでに買っていただいているお客様から、私を推薦していただくことにしました。

目の前のお客様に対して、「これから名前を挙げる人で、知っている人がいらしたら教えてください。何を買ってもらったとは言えませんけど、私がお世話になっているお客様です」と言って、自分のお客様の名前のリストを取り出して、順番に読みあげました。

「タバコ屋の中村さん、四丁目の金子さん、お寺の近くの山田さん、榊原さん……」

何人も名前を挙げているうちに「あ、その人はよく知ってるわよ」と言う人が出てきます。そこで、中でも最もその人が親しい人か、信用している人に絞ります。

「ではこれから村上さんに電話しますから、是非私の評判を聞いてください」と言って、その場で電話をしました。

「村上さんですか。佐藤でございます。この前はどうもありがとうございました。またお会いしたいですね……」としばらくの間は世間話をしました。

「ところで今、鈴木さんの家にいるんですけど、本当にいい奥さんで、とてもいいご縁ができまして。今楽しくお話ししていたところです。鈴木さんは初めてですから、村上さん、ぜひ鈴木さんに私がどういう人間か、思ったとおりで結構ですから教えてあげてください」とお願いしました。

●すんなりいかない時は奥の手を使おう

そうしたらまず、「ああ、佐藤さんは絶対大丈夫よ。まじめで実直な人だしね。私も随分佐藤さんからは買ったから大丈夫よ」と言ってくれました。

そして電話を切って「どうですか？」と聞くと、大体はすでに顔色がころっと変わっていて、そこからは問題なく話が進み、まず契約をもらうことができました。

ところが中には、それでもまだ信用できないという人がいて、そういう場合には証拠を出すという方法を取りました。

「わかりました。それでは奥さん、これからちょっとデパートへ行きましょう。デパートで、この指輪とデパートの指輪と比べてみてください。私はセールスマンとは絶対言いませんし、店員さんにこの指輪のことを聞いてもらってもいいですから。それで納得してもらってから決めてもらったらいいです」と言って、お客様をデパートまで連れて行きました。それもお客様が一番信用できると思っている、一流のデパートに行きました。

宝石売り場では、そこの店員さんも、お客様がしている指輪を絶対にけなしたりはしませんし、ルーペ（宝石を見る虫メガネ）で見てもらっても、ちゃんとした本物の宝石ですから、問題はないわけです。

お客様も、さすがにこれで納得してくれました。

ですから、クロージングでどうしてもすんなりと決まらない時は、**この証人と証拠しかないと私は思っています。**

恐らく、これ以上説得力のある方法はないと思います。

クロージングには奥の手もある
んー
今ひとつ
信用がねえ…
では
デパートで
比べてください

あら
お客様
いい指輪を
お持ちですね
え！

２ 究極のクロージング法がある

●買うか買わないかと迫るのは最悪なやり方

よく他のセールスマンから「なかなかお客様が決断してくれないんです」ということを聞きますが、それはセールスマン自身が決めていないからです。

実を言うと、お客様は優柔不断な人の方が決断が早いのです。

なぜならば、商品のことに詳しくなければ、セールスマンの話を信用して決めるしかないからです。例えは悪いかもしれませんが、目の悪い人は、手を引っ張ってくれる人がいたら信じてついて行くのと同じです。

ほとんどのお客さんはそれほど商品のことには詳しくありません。ですから「こっちですよ」と自然と導いてあげればいいのです。無理に結論を出させようとするから、お客様は困惑するのです。究極のクロージングの方法は、クロージングしないことなのです。

特に女性は、結論を自分で出したくない傾向が強くあります。

好きな女性と付き合いたいという時も、「ボクと付き合ってください！」といきなり言っても、女性は「いいですよ」とは簡単には答えられないでしょう。そうではなくて、「すごく美味しいお寿司屋さんを見つけたんだけど、それと新しくできたイタリア料理の店とどっちに行きたい？」と誘えば、自然とデートに持ち込めるわけです。

お客様に決断を迫ったらダメです。決断を迫ると、イエスかノーのどちらかを答えなければなりません。決断するにはエネルギーがいります。できるだけエネルギーを使わせないことです。ですから、答えはイエスしかない方に仕向けていくのです。

買うか買わないかではなく、「こちらとこちらでは、どちらが好きですか？」というように選んでもらうのです。「どれが好きですか」と聞いているだけですから、誰でも答えられます。そうやって最後の一つまで絞っていけばもう商品は決まったと同じです。

そして今度はいつ頃購入するか、日付を選んでもらうのです。「今月末か来月の頭でしたら、どちらがいいですか？」と選択してもらいます。

●とにかく実例を豊富に物語れ

この時にあまり焦って、先に進み過ぎないことです。もう一度それまでの流れを整理するくらいの余裕が欲しいものです。できれば再度、お客様の話を三〇分くらいはじっくり聞いてあげます。「カチンッ」と音が出るくらいまで、聞いてあげるのです。「やっぱりサインして良かった！」と後になって思ってもらえるところまで持っていきます。

そうすれば、まずキャンセルはきません。事実、私が売ったお客様で、後からキャンセルしてきた人は極めて稀でした。クレームとなると、ほとんど皆無でした。

クロージングの段階で一番効果的なのは、実例を多く出してあげることです。

ここでこういう人がいて、本当に喜ばれましたという実例を多く出してあげることです。実例だと聞いているほうも面白いし、映像として浮かぶので、欲しいという気持ちがさらに高まります。自分と同じような人が購入しているという、安心感にもつながります。

「この前もね、あるお客様がこれと同じようなサファイアの指輪を結婚披露宴につけて出席したら、同じテーブルに座った人がチラチラとその指輪を見るんですって。そのうちにその人の方から指輪のことで話しかけてきて、それが縁ですごく仲のいい友達になったんですって。『素晴らしい縁になったのよ』ってすごく喜ばれてました」

私はこういった実例を、お客様から「わかったから早くサインさせてくださいよ」と言ってくるくらいまで話しました。 そのためにはたくさん実例を集めておくことも大切です。

もう一つは、お客様は（うまい話ばかりあるはずがない）と本能的に思っていますので、良いことばかり言うのではなく、そうではないこともちゃんと教えてあげるのです。

例えば「このダイヤは確かに大きくはないけど、色と透明度は抜群にいいんです」と言うのです。そうすると、真実味が出て話が引き締まってくるのです。

究極のクロージングとは？
YESか？
NOか？
ワーン
決められ
ないわー

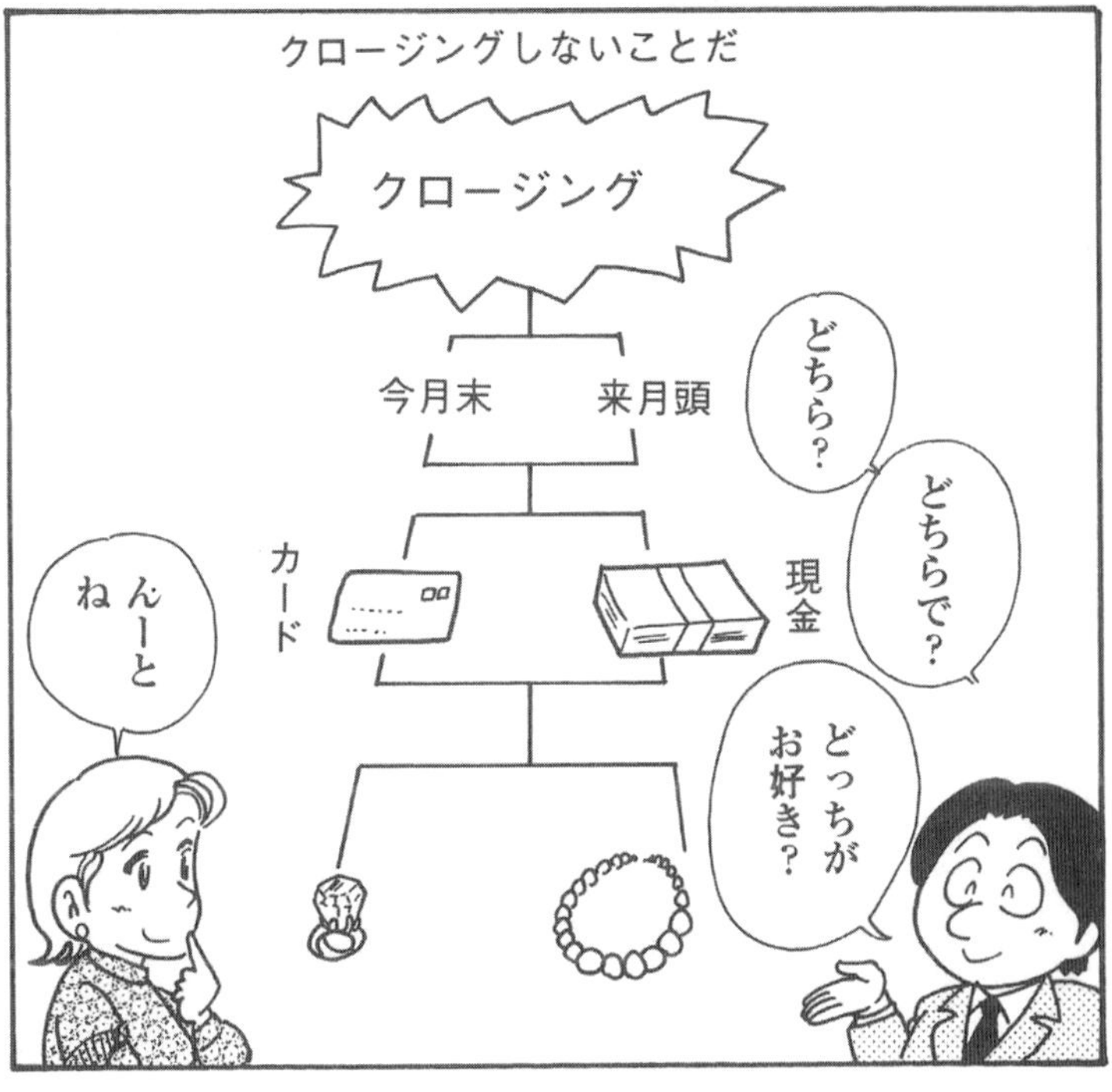
クロージングしないことだ
クロージング
今月末
来月頭
カード
現金
どちら？
どちらで？
どっちが
お好き？
んーと
ね

❸ お客様に現金で支払っていただく方法

●お客様の不便を逆転させるやり方

私が宝石のセールスをやっていた当時、会社はクレジット会社と契約をしておらず、販売は全部現金でした。一方、大手のデパートは当時から分割払いが可能でした。

現金一括払いがどうしても無理なお客様の場合は、頭金を二割いただき、残りを半年以内に郵便代引でお支払いいただくというシステムです。

いずれにしても、代金は一〇〇％いただいた上で、納品するやり方でした。私たちは全国を回って営業していましたから、商品を置いて、支払いだけ分割というわけにはいかなかったのです。

ですから、お客様には「あなたのところは不便よね」と言われました。

クレジットはきかないし、一括払いできない場合は、頭金を払って契約書だけ置いていかれて、商品は来ないのですから、お客様としては不安になるわけです。

「頭金を二〇万円払っても、商品は残金を支払った時にしかもらえないんでしょ？　〇

○デパートだったら商品は先にもらって、『お金はいつでもいいですよ』って言われるのよ。私もこれだけ信用あるのよ」とたびたび言われました。この支払い条件で、私たちは不利な立場にいました。ですから、ほとんどの営業マンはここで負けてしまいました。

●不利な条件も考え方一つで変えられる

しかし、私はそこでポンッと手をたたいて、こう切り返しました。

「奥さん、何を言っているんですか！　こういうものは現金で買うのが一番安くていいんじゃないですか！　分割にしたら金利は乗っているし、分割手数料とかも高いんですよ。一番高くて良くない買い方なんですよ。一番いいのは現金で安く買うことでしょ」

私がそのように力説すると、ほとんどのお客様は「そうね」と言いました。

「そうなんです。だから、これは奥さんが今現金で百万円用意していただいて、ポンと品物と交換するのが一番いいお買い物の仕方なんです。これはそういう値段なんです。しかし、そうは言っても、お金は簡単に用意できるものではないですよね。だから三ヵ月後でも半年後でも待ってあげられるんですよ。例えこの商品の値段が値上がりしても、この値段で待ってあげられるんです。こんないい買い方ないじゃないですか。手付金だけ入れていただくだけで、当社が商品をちゃんと金庫に入れて保管しておきますから。お金ができた時にはいつでも言ってください。すぐに商品と交換しますから。現金の値段で待ってあげるんです。こんな親切な会社ないじゃないですか。どう思いますか？」

「そうですね」

「じゃあ、わかっていただきましたね」

ほとんどの人は、これで納得してくれました。

いつでも売掛金がゼロですから、私には売掛台帳がいりませんでした。

しかもお客様は手付金を払っているから、キャンセルもないのです。営業の内容としてはきわめて健全でした。

私はこうやって一見不利な条件も、全部有利な条件に変えてしまいました。

これが究極の現金商売です。

現在は、クレジットやリースなどのファイナンスが整備されていますから、高額商品の販売は、そういったものを利用するのが常識になっていますが、よくよく考えてみれば、大変金利の高い損な買い方でもあるわけです。

中にはクレジットが通らないお客様もいるでしょう。そういう場合は、営業マンは販売するのをあきらめてしまうようですが、大変もったいないことです。

私のようなやり方をすれば、そういうお客様でも、必ず契約を結ぶことはできるはずです。ぜひとも、あきらめずに挑戦してみてください。

不便を逆転するには…
おたく不便なんだもん
そ そうですよね やっぱ…
◆不利な条件
・クレジットが利かない
・一括払いできない時
頭金のみで商品がない → お客様は不安
大逆転の考え方
◆お客様にとって有利ですよ
・現金が一番お得
・金利なし・手数料なし
・たとえ3ヵ月後に値上がりしても今の値段のまま
一切なし
手数料
金利
とーんでもないお客様にとっては最高にお得なんです
あーらそうね

4 キャンセルをなくすにはこうすればいい

●販売は契約書を交した時からがスタート

ほとんどのセールスマンは、契約書を書いてもらえば終わりだと思っていますが、私は、セールスは契約書を書いてもらった時からが本番だと思っています。

契約書は書いたけれども、それは、その時の勢いでサインしてしまうのであって、後から失敗したかなと思うのが、お客様の心理だと思って間違いないでしょう。

なぜならば、セールスマンが来るまでは必要とは思っていなかったからです。

セールスマンが来て､買うことになったということは、どうしても必要なものではなかったということです。なくても済んだかもしれないわけです。

ご主人が帰宅して「そんなものやめておけよ！」と言われた時に「あ、やっぱり高い買い物だし、今必要なものじゃないわね」と心が動いてしまっては元も子もないのです。

実は私も一度、大変苦い経験をしたことがあります。

ある奥さんに、五〇万円ほどのヒスイを買ってもらった時のことです。

後でその奥さんから、キャンセルしたいという電話が入りました。そのヒスイを買ったことが原因でご主人と大喧嘩、ご主人からは「お前、どうしてオレの許可も得ないでそんな高いものを買ったんだ。そんなものよりも先に買うものがあるだろうが！」と散々言われたらしいのです。お姑さんからも、こっぴどく叱られたというのです。それがもとで「家を出て行け！」とまで言われ、離婚の危機にまで陥ってしまったのです。

私はそのお宅に飛んで行き、ご主人も交えて三人で話し合いました。

事態が収まるまでは本当に大変でした。

そして何より、私のせいでその奥さんに本当につらい思いをさせてしまったことをとても反省しました。「そうか、セールスマンというのは契約書にサインしてもらって、買ってもらったらそれでオーケーではないんだな」とその時思いました。

むしろ、サインをしてもらってからが大切なんだ、と考えるようになりました。

当人だけでなく、ご主人やご家族のみんなが一〇〇%納得してもらえるような、そんなセールスマンになろうと決めました。お姑さんが納得していない点があったら、お姑さんに納得してもらうまで話をするようにしました。

●お客様の問題をしっかり解決してあげよう

その時以来、私は契約書を書き終わってからが出発だととらえるようになりました。契約書を書いてもらってから、さらにもう三〇分から一時間、お客様とじっくり話をしました。あらゆる話をしました。ご主人がいない時は、反対された時に何と言うか、当人のためだけではなくて、**このために買ったんだという言い訳を作ってあげました。**

例えば、「この指輪は私のためだけじゃなくて、将来あの娘がお嫁に行く時のために買ったのよ」とか、「洋服はたくさんあるけど、この指輪はどの洋服にも合うのよ。着物にだって合うんだから。女の身だしなみとしてどうしても必要なのよ」、「私もお付き合いがあるし、その時にきちんとしたものをしていったら、あなたのためにもなるのよ」などです。そういった言い訳を前もってたくさん作ってあげました。

また、「土地や株もいいけど、こういう貴金属として財産を持っておくのもいいんですよ。土地や株はどうなるかわからないですし」とも言いました。

ご主人に「そんなところで買って大丈夫か」と言われた時のために、「あの〇〇さんにも、こんなにたくさん買っていただいているんですよ」と有名人の名前を出したりもしました。そうしたら大体信用してもらえるからです。

また、自分で欲しくて買ってはいても、女性の場合は必ず罪悪感があるのです。

旦那さんや子どもには買ってあげず、自分だけこんないいものを買ってしまったという罪悪感があるのです。だから、その罪悪感を消してあげるということです。

キャンセルをなくすには　どうする？
「販売は契約書を書き終えた時がスタート」
お客様の問題をしっかりとうけとめて
いっしょに解決してあげる
契約書
問題
問題
問題
ガラーン
解決済

5 クロージングの上手なセールスマンになろう

●「上手い」というのは「上手くない」のと同じだ

私はクロージングの一番上手いセールスマンとは、相手に「上手い」と思わせないセールスマンだと思います。

セールスマンにはいろいろなタイプがいますが、次の三つに分けることもできます。

一番目は下手なセールスマン。二番目は上手いと思わせるセールスマン。そして三番目は上手いとも、下手とも思わせないセールスマンです。

まず「この人下手だな」と思われてしまうセールスマンは、相手が何を求めているのかをわからないのですから、これは問題外です。

次に二番目の「上手いと思わせるセールスマン」ですが、これは口八丁手八丁で、どんどん話し込んで自分のペースに持ち込み、相手を酔わせてその気にさせてしまい、契約させてしまうというタイプです。一種の洗脳、マインドコントロールです。

確かにこのようなやり方でじゃんじゃん売っている人もいますが、これには二つの欠点があります。一つは、「この人何だか話が上手すぎて信用できないわね」と思われる危険性です。人はあまりにも口の上手い人を信用しないという本能を持っているからです。もう一つは、この手の売り方だと、キャンセルやクレームになる確率が高いのです。後でご主人に話した時に、「どうしてそんな余計なもの買ったんだ！」と言われ、冷静になったら、「ああっ、上手い口車に乗せられちゃった！」と後悔する可能性が高いのです。ですから本当は、上手いというのは上手くないのと同じなのです。

●「上手い」よりもっと大事なことがある

セールスマンとして駆け出しの頃、大変成績のいいセールスマンがいました。私は彼のセールステクニックを教えてもらおうと思い、同行させてもらったことがあります。そうしたら、確かに彼のセールスは天才的に上手い。まず、玄関に入ったら靴を脱いで商品をバーッと広げるんです。後で靴を脱ぐと、お客様に断られた時に家宅侵入罪に問われる可能性があるから、最初に脱いでしまうんです。そんなことまで考えているんです。

そして都会的な話し方で、たたみ込むようにとうとうと話し続けました。お客様も聞いているうちにうっとりとしてきて、いつの間にか買ってしまうのです。

私は彼のセールスを見て「これは本当に凄い！」と思いました。「よし、オレもまねをして売ってやろう！」と思い、同じように口八丁手八丁でセールスに行きました。

そうしたら、それが見事に成功して買ってもらうことができたのです。

ところがしばらくして、その家を訪問した時、出てきた奥さんに、私の顔を見るなりガチャン！　とドアを閉められてしまったのです。これには深く考えさせられました。

「ああそうか。私はただあの人のものまねで、口八丁手八丁でやったからだ」と。しばらくはショックでした。それからずっと一人で考え込みました。

そしてこれからの自分の営業のやり方を考えました。

その結果出た結論は、人まねをせず「自分らしく」いこうということでした。

「自分らしく」とは、優しくソフトで、それでいて、ここ一番という時に情熱を込めてやることです。お客様の話をよく聞いて、お客様を導くようにして、夢を持たせて、そして家族にも全部納得してもらい、その上で買ってもらうようにしよう、と決めたのです。

決して結果がすぐに出なくても、「上手くやろう」とは思いませんでした。

このことにより、私の営業スタイルが徐徐に確立していき、一年経った時には、大きな成果を安定して上げることができるようになったのです。

そもそも、**お客様にとっては、最後は会社もセールスマンも存在せず、商品しか残らないのです。**ですから、セールスマンのトークが上手い下手というのは何も関係がないのです。商品を欲しくなってもらうことがセールスの目的なのです。

クロージングの上手な
セールスマンになる方法
お客様にとって最後に
残るのは商品のみ
会社もセールスマンも
ましてやトークの
「上手い」「下手」など
全く関係ない

ならば
「上手くやろう」と
考えるより
いかにしてお客様に
喜ばれるかを考える
夢は？
希望は？
ビジョンは？
お客様の
喜びとは？
お客様の
幸福とは？

PART 8

どうせならトップセールスの上をいこう

◪ やる気が持続する自己管理上手になる

①ノルマに追われず納得のいく仕事をする法

●ほんの少し前月より高いノルマを設定する

ノルマの数字に追われないコツは、昨日よりも今日、自分は成長しているか、進歩しているか、良い心か、輝いているか、そういうことに焦点を当てることです。

そのように考えてセールス活動に毎日取り組んでいけば、例え成績の上がっていかない時でもイライラしなくてすむようになります。

「今はこの程度の結果しか出せないけれど、必ず近い将来結果がついてくる」

と信じられるようになるのです。

現実の結果だけが自分の実力だと思ったら、その数字に振り回されてしまいます。

そして数字が出ていないうちは、オレはダメなのかな、と落ち込むことになります。

もう間もなく成果が出るという時でも、ガクッとダメだと思ったら、ダメなオーラが出ますから、ダメな方に行ってしまいます。大事なことは、いつも自分自身が輝ける方向に持っていくことです。そして、必ず実を結ぶと信じることです。今はつぼみであり、いずれは必ず立派な実をつけることができるんだと、確信を持つことです。

一番理想的なカタチは、狩猟型と農耕型の両方を併せ持つことでしょう。

つまり今すぐにでもある程度の数字は作ることができ、なおかつ、数ヶ月後には確実に高い数字を毎月自然と上げることもできる。両方を自由に使えれば無敵でしょう。

もう一つ、ノルマに追われない方法は、必ず達成できるノルマを自分で作ることです。

稀にものすごく高いノルマを課さないとやる気が出ない人もいますが、ほとんどの人は、前月よりもほんの少しだけ高いくらいのノルマが一番効果的なのです。

前月の売上が、仮に一〇〇万円だったとすると、今月のノルマは一〇三万円といった具合です。一段ずつ階段を積み上げていくのです。大切なのは「成功グセ」をつけることなのです。

バーベルを三〇キロやっと持てるようになった人が、いきなり五〇キロは持てません。少しずつ重くしていって、徐徐に、しかし確実に力をつけていけば、やがて五〇キロでも持てるようになります。最初からあまり高いノルマを立ててしまうと、途中で「どうせ無理だ」とあきらめてしまい、逆効果になってしまうのがオチです。

●内緒に作るノルマの意外な効果

では会社で勝手にノルマを立てられてしまう場合はどうするか？

世の中は不景気で、会社が割り当てたノルマを達成している営業マンの方がずっと少ないのが現実のようです。達成率六〇%とか、五〇%といった寂しい数字を目にします。ひょっとしたら会社が、すぐには達成不可能な、実力とはかけ離れたノルマを課しているかもしれません。

もしそうだとしたら、会社のノルマとは別に、内緒で「事実上のノルマ」を作るのです。今月最低これだけは絶対に達成するというノルマを設定するのです。そして、その自分で立てたノルマだけは何があっても達成するのです。

そうすれば、そのノルマさえ達成していれば、イライラすることも自信をなくすこともないのです。そして一歩ずつ確実に成長している自分を認めることができるのです。

それでも時にはスランプに陥ることもあるでしょう。

そういう時は、まず売れそうなお客様の所に行って、自信を回復させるのです。

そうやって**自然と「成功グセ」をつけて自分自身をその気にさせていきます。**

「うん、やっぱりオレもやればできるな」と思えるようになります。

また、一度ノルマの数字を設定したら、お客様の前に行く時には一旦それを忘れるくらいがいいでしょう。現場に集中するのです。それでもちゃんと深いところで意識していますから、結果として、その数字を達成するための動きができるようになるはずです。

ノルマに追われないコツは…
自分自身の成長に焦点を当てよう
（数の成長＋内面の成長）
昨日より今日はどれだけ
進歩しただろうか
内面の成長
これが大事
数の成長
やった！

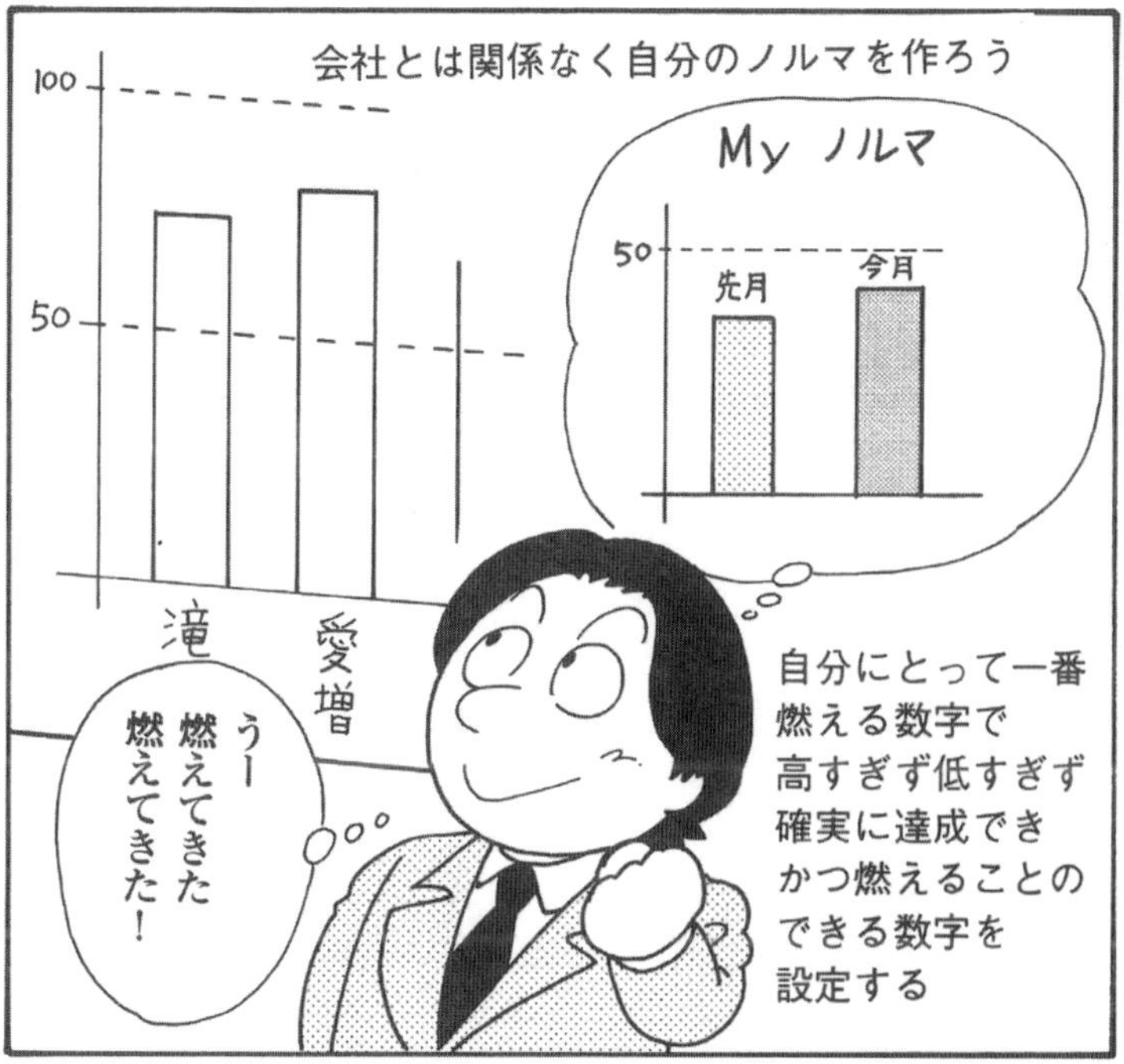
会社とは関係なく自分のノルマを作ろう
100
50
滝
愛増
My ノルマ
50
先月
今月
自分にとって一番
燃える数字で
高すぎず低すぎず
確実に達成でき
かつ燃えることの
できる数字を
設定する
うー
燃えてきた
燃えてきた！

2 売れてしまう目標設定の仕方

●「本当にやる！」と決めたらできてしまうのが人間

多くの人の場合は、現実的で確実に達成できる目標設定をしていくのがいいでしょう。一歩一歩確実に積み上げていくのが、結果的に売れるセールスマンとなれるコツです。

しかし、私の場合は時にはこれに反したやり方をしたこともありました。

宝石のセールスをやっていた頃の話です。

ある先輩が辞めて、会社が後任として幹部候補募集広告を出しました。その時、私はヒラ社員でしたが、広告を見てもの凄く腹が立ちました。（オレがこんなにがんばって、これだけの仕事をしているのに、会社はオレの上に立つ人間を募集する気なのか）と。

当時、毎月二〇〇万円前後を売り上げ、会社でもそれなりに幅をきかせられるくらいになっていましたので、「一体、この広告は何ですか！」と社長に文句を言いました。

そして私はその場でホラを吹きました。「社長、私は月に一千万売る男なんですよ！」何の根拠もない数字なんですが、つい頭にカーッときて言ってしまったのです。社長は、「そうか、そうか」と笑っているだけでしたが、こっちは宣言をしてしまったのですから、何が何でもやらなければならなくなりました。

「よーし、こうなったら絶対に実現してみせる！」と翌日からまたハチ巻をして必死でがんばりました。毎日「一千万、一千万……」と呪文のように唱えて歩いていました。

そして、それから四ヶ月後に実際に一千万売ってみせました。

今までの五倍の売上になったのですから、五倍の労力を使って、五倍苦労したかというと、決してそうではありませんでした。面白いことに、苦労をしたという感じすらないのです。人間の潜在能力というものは本当に面白いもので、一千万円やると決めたら、自然と一千万円売れるような動きをできるようになるのです。知らないうちに売りに行くターゲットも変わり、高額の商品を買っていただけるお客さんのところに自然と足を運んでいました。

●百発百中は、ウソ、ハッタリではない

それからずーっと毎月一千万円が続きました。今月は後三日しかなく、五、六〇〇万しか売れていないという時でも、残り三日できっちり一千万円やったことも何度かありました。

ところが、私はこれに関してはちょっと失敗したなと思っています。というのは、その後いくらがんばっても、一千万以上にはならなかったからです。

あの時、同じホラを吹くんだったら、二千万円とか五千万円とか一億円とか言っておけば良かったなと思いました。

一千万円売るという目標設定をして、自己暗示にかけてそれは達成できたけれど、それが同時に規制にもなってしまったわけです。

私は後になってから、あの時のことがよく理解できます。

思ったことというのは実現するが、同時に思ったことが制限にもなるということです。あの時はまさに「強い思いのエネルギー」を持って、目標を達成してきました。私がレストランチェーンの展開に成功したのも、この「思いのエネルギー」によるものだと思います。

しかし、今はそれより上のエネルギーの存在を確信しています。それは「愛のエネルギー」です。「愛のエネルギー」を使えば一切制限がありませんし、無限です。

さらには目標さえいらなくなるのです。目標を立てるというのは、自分の思いを実現する世界です。それに対して、「愛のエネルギー」は、自分の思いを捨てる世界です。

自分の思いにこだわったら本当の「愛のエネルギー」は出てこないのです。

今出会う人に、愛そのもので愛に語りかけていくのです。そうすれば百発百中です。

なぜならばみんな愛を求めているからです。目標は決めてもいいが、それをやっている時は一回忘れて、目の前にいる人に愛の塊になって接していくのがベストなのです。

目標設定の仕方
社長っ私は一千万円売る男ですよ
バン
よおし やってやる 売ってやる
そして…
やった！ 1千万円達成！
しまった 同時にカベもつくってしまった…
思いのエネルギーは達成のエネルギーにもカベにもなるが愛のエネルギーは無限なのです
万円

③ 時間管理とは優先順位をはっきりさせること

●最優先はお客様を喜ばせること

まずメンタリティーの面で言うならば、究極の時間管理は、人間はいつか必ず死ぬということを意識することです。

そうすると、時間には限りがあるということがわかります。一〇〇％死ぬんだということを自覚した時、時間は命になります。バチッとそう思えた時に、「絶対時間を大切にしよう！」という心になるのです。そして今日一日を大切にするためには、今何をやるべきなのかを考えます。自分が今やるべきことで、一番価値ある優先事項は何なのか？

それを自分自身に問いかける時、究極的には命の単位で考えるしかないのです。

自分の命を生かすためには、今何をすべきかを考えてみるのです。

具体的には、時間管理の方法で最も大切なことは、優先順位をつけ優先順位の高い順番に動いていくことです。そうすれば、いつの時点でも、一番大切なことに時間が使えるからです。

では、どのように優先順位をつけるかということが問題になってきます。

私は、次の二つを優先順位を決める基準にしました。一つは、お客様に喜んでもらえること。二つ目は、自分自身の能力が発揮できて、成長できること。

今までの多くのセールスマンや販売会社は、早く成約できそうなお客様や、多く売り上げの上がりそうなお客様を優先順位の一番に持ってきているように思います。

私の場合は、そういうことより、どうしたら目の前のお客様が喜んでくれるだろうか、どうしたらもっと自分が成長できるだろうかという観点で考えて動いてきました。

自分の成長のために、わざと条件の悪い地域に売りに行ったりしました。

宝石のセールスの時、最初の私のテリトリーは福井県、和歌山県、岐阜県の三県でした。どこに行ってもよく売れました。行く所行く所「あら佐藤さんよく来たわね」と大歓迎され、ほとんどのお客様は買ってくれました。そして紹介もジャンジャンもらいました。

●「お役に立ちたい」ですべて前向きになる

そんなある時、私はこのままでいいのだろうかと考えました。最近売れているのはただお客様と親しくなったから、付き合いで買ってくれているんじゃないだろうかと思えたのです。このままだと、セールス力が落ちてしまうんじゃないかと疑問に思えました。

「よし、今度は全く知らない人ばかりの所へ売りに行こう！」

その時は冬でしたので、（どうせ行くなら一番大変な所に行こう）と決めて、私は突然日本の最北端、北海道の稚内に行くことにしました。

自己の成長ということが、売上を上げるということよりも優先順位が上でしたから、こんな決断をあっさりできたわけです。

私の行動は会社の人たちにはほとんど理解されませんでした。そして先にも書いたように、結果的にそこでもトップセールスを上げることができました。

現在では、自己の成長よりもさらに、「相手に喜んでもらう」ということが優先順位が上になりました。「求めよさらば与えられん」という言葉がありますが、**これからの本物の時代は「与えよさらば与えられん」だと思います。**求めるための優先順位と、与えるための優先順位があるのです。

自分の損得だけの優先順位で動くと疲れますが、相手のお役に立つための優先順位で動くと疲れません。やればやるだけ元気が出てくるのです。

そもそも、本当にお役に立ちたいと思っていれば、どんどん電話もできるし、訪問もできるはずです。電話ができないとか、お客様の所に行く足が重いというのは、お役に立てないと思っているからです。お客様を喜ばせることを優先順位の一番に持ってくることが、結果的に最も上手な時間の使い方だと言えるのです。

究極の時間の管理とは？

「いずれは必ず死ぬ」というところからスタートする

⇩

全体像（一生）からとらえる

⇩

そうすると優先順位が見えてくる

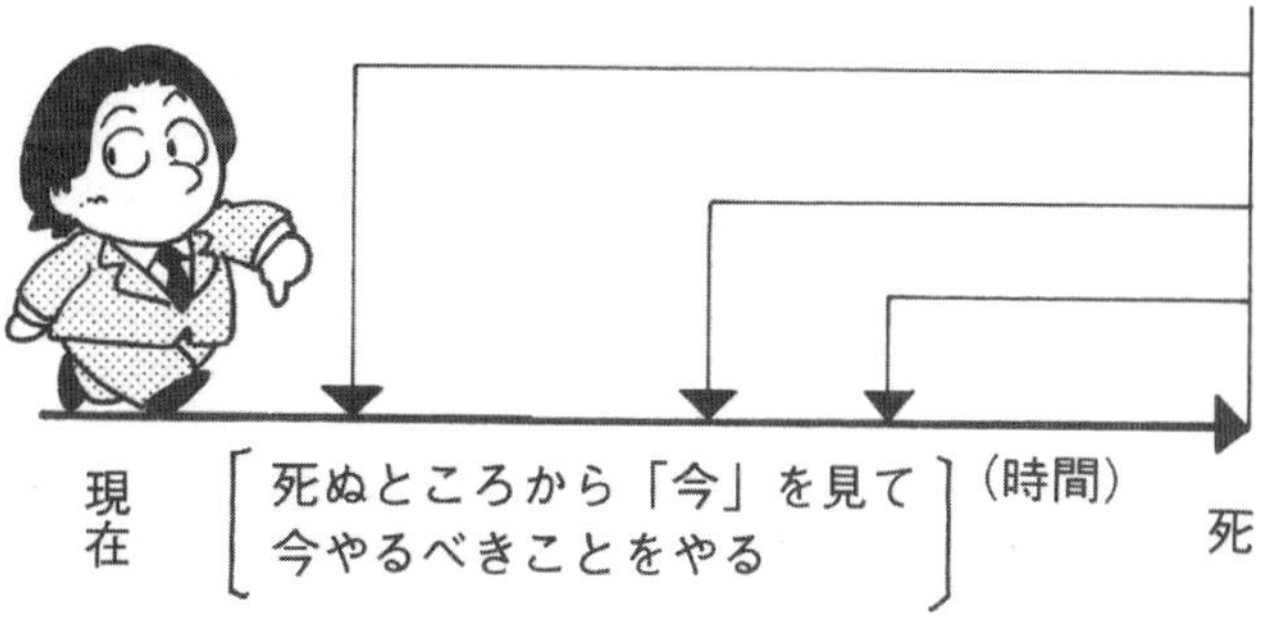
現在
死ぬところから「今」を見て
今やるべきことをやる
（時間）
死

で 愛増君の 今やることは？
お客様に 喜ばれるために 行ってきます

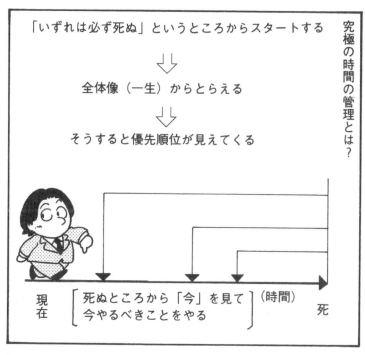

4 目標達成の意欲が弱い人ほど、実は有望だ

●「目の前のお客様に全力で当たれ」だけでいい

もしあなたが、目標を達成しようという気持ちがあまり起こらないとすれば、あなたは普通の人よりも意識レベルが高いのかもしれません。

これからは本物の時代です。本物の時代を生きる本物の人とは、「こうなりたい」を全部捨てられる人です。

「こうなりたい」と思うことは自分の欲に過ぎないからです。「こうなりたい」と強く思える人はあまりレベルの高い人ではないのです。そういう人は過去の人です。

そもそも、営業マンが「今月は何百万売るぞ！」と言っても、お客様には何の関係もないことです。以前、ある保険会社のパーティに招待していただいた時に、その会社のお偉い方が「今月は保険月ですから……」などと挨拶をしていましたが、バカなことを言っているなと思いました。これは自分の会社のことしか考えていない証拠です。

同じ目標を立てるなら、自分の欲で立てるのではなく、人様に喜ばれることを数値化し

て、それを目標にすればいいのです。

私たちは将来こうなりたいというイメージを描いたりしますが、それをやると本来の自分を見失ってしまう可能性があります。チューリップが「バラのようになりたい」と思って、バラを目指してしまうことになるのです。

しかし、チューリップはチューリップですから、どう転んでもバラにはなりません。

ですから、自分自身の本当の役割は何なのか、生き方は何なのかを発見し、それに徹することが大事なのです。自分はチューリップだと分かったら、チューリップとしての役割を果たして、チューリップらしく生きるということです。

セールスの世界で言えば、今、目の前にいるお客様のために全力でやれば、自ずと数字は上がっていくものです。そうすれば、喜びと感謝の輪が広がっていくはずです。

●与える人ほどトップセールスは間近になる

よく「人のため」と言いながら、一方で自分の成績を上げるために駆けずり回る人がいます。こういう状態を私は「股裂き状態」と呼んでいます。中途半端でよくないことだと思っています。人を喜ばせたり愛することと、我欲で動くことは全く道が違うのです。

九〇%はお客様のために働き、一〇%は自分のためというようにはいかないのです。どちらの生き方をするか、はっきりと覚悟を決めることです。一度お客様のためにやると決めたら、クビになろうが、失業しようがいいという思いで、姿勢を貫き通すことです。（世の中にとってひょっとしたら有害な仕事をしているかもしれない）と思っていたら、スパッと辞めてもいい、社会に本当に貢献できる仕事をしようと切り変えることです。

会社人間になって会社の中に埋没してはいけないのです。あくまでも自分の人生の中における会社なのであって、会社の中に人生があるのではありません。自分の人生という単位で物事を考えるのです。私は常々、「道は二本しかない」と思っています。一つはエゴの道、もう一つはアセンションの道です。あるいは次元アップの道とも呼んでいます。

エゴの道というのは、周りの人たちから自分の方に引き寄せる生き方のことです。

一方アセンションの道というのは、自分の方から周りの人たちに与える生き方のことです。

もちろん本物は後者の方です。こういう生き方をしていると、どんどん広がっていく世界を体験できます。与えるから愛や喜びが広がり、人の輪が拡大していきます。

そして、**思いもよらない素晴らしいことがどんどん起こってくるのです。**

目標達成の意欲が弱いというのは、次の段階にレベルアップできるチャンスだととらえることができます。自分の目指す目標を達成しようというエゴの道から、それを捨てて意識次元をアップする道へと進むチャンスなのです。自分が今目の前にいる人のために何ができるだろうか、ただそこに集中することがそのヒントになることでしょう。

目標達成の意欲が弱いんですが
まず「○○になりたい」をはずしてごらん
ボクの目標
になりたい
？
はずした時に初めて自分は何なのかが
見えてくる
さてどんな時に自分が一番イキイキしてパワーが出てくる？
やっぱりお客様が喜んでいるのを見た時またやるぞって気になる
あ、ネクタイ曲がってるよ
「青年よ己を知ってから大志を抱け！」が正しい
一平こそクツひもほどけとる

5 自分をノセれば、テレアポは億劫《おっくう》でなくなる

●まずは決めた数をこなしてしまうこと

外資系の保険会社に勤める二〇代の営業マンが、「調子のいい時はいいんですけど、少し悪くなると、テレアポを取るのが凄く億劫でイヤになるんですけど……」という話をしていました。

なぜテレアポがイヤになるかというのは、相手の言葉にいちいち振り回されているからです。相手に断られることが多いから嫌いになるのでしょう。

テレアポは、「今日は何本電話する」と決めて、作業として淡々とやるべきなのです。

そして「その内何件アポイントを取ろう」という目標を決めてやれば、イヤも何もないはずです。それがセールス活動の一番の入り口だとすれば、やらないでは次には進まないわけですから……。

相手の反応が良くなかったとか、冷たかったとか、イヤなことを言われたとか、そういうことにイチイチ反応したり、考え込んだりするからイヤになるのです。

どう言われてもいいじゃないですか、それは相手の問題ですから。テレアポは、あまり感情を入れ過ぎないで、ある程度機械的にこなしていった方がいいんです。

アポを取るとか、注文を取ると思うから、断られた都度ガッカリするのです。まずは決めた数をこなすことです。そうしたらおのずと何件かはアポが取れるはずです。

もう一つ大切なのは、やはりテレアポをするにしても、結果を追い求めるのではなく、自分自身の成長を一番に持ってくるということです。

自分自身の心に注目をするのです。「以前は冷たい断られ方をされたらすごく腹が立って、しばらくは仕事にならなかったけど、最近は全然腹が立たなくなった」とか、「それどころか、ありがたいと思えるようになった」といったように。

●自分の成長を基準にすれば何事も楽しくなる

また、表現の仕方や音調など、工夫できる所に気づいたら、メモを素早く取って、次の電話に早速応用してみるなど、一本かけるごとにレベルアップしていくのです。

そのように、自分の心や技術がどれだけ成長したかに焦点を当てていけば、テレアポも楽しい仕事になるはずです。

また、テレアポをする時、ほとんどの人は「この人は、無理だろうな」と決めつけて、途中で何人かを飛ばして電話をかけていきますが、究極のセールスマンになると、リストの上から順番に一人も飛ばさず電話をできるようになります。なぜなら、嫌いな人が一人もいなくなるからです。その域にまで、みなさんにも達してもらいたいものです。

また別の若いセールスマンからも「見込み客の絞り方やマーケットの選定の仕方について教えてください」というようなことを聞かれたことがあります。

業界によっても違うでしょうが、基本的にはなるべくホットな所を中心に当たっていくのがいいと思っています。あまり古いリストだと、まずこちらのことを思い出すのに時間がかかります。すぐに話がしやすい人の多いリストから始めるのがいいでしょう。

セールスは自分が「ノル」ことも大事なのです。**自分を受け入れてくれたり、褒めてくれたり、いい奴だと言ってくれる人と話すのが一番自分をノセやすいです。**

今日は今一つノラないなと思ったら、まずはそういう人と話をするようにしてから、徐々にエンジンをかけていくのが効果的です。

ただ私の場合は、そもそもあまり見込み客リストというものを数多くは持ち歩いていませんでした。マーケットも特に選定しませんでした。

マーケットはむしろ、わざわざ売りにくい所に行ったくらいですから。

私は会う人会う人、みんな見込み客だと思っていましたから、リストがあまり必要なかったのかもしれませんし、そういう発想すらありませんでした。

6 いつでもエネルギッシュであり続ける秘訣

●まずお客様に元気を売ってあげよう

「お客様が病院のドクターで理屈っぽいので、訪問のことを思うと、どうしても毎朝気持ちが重いんです。どのように気持ちを変えていったらいいんでしょうか？」

という質問を受けます。それは、相手にエネルギーをもらって、逆に負けているのです。

自分のエネルギーこそが商品だと思えばいいんです。こちらがお客様にエネルギーを与えに行くつもりでのぞむことです。

自分が行くたびに、あの先生は元気になっていくんだ、という気持ちが必要です。そうしたら自分のペースになります。

自分のペースになった時には、お客様が元気になるから、逆にお客様から楽しみをもらえることになりますよね。

商品ではなくて、エネルギーを与えに行くんだと思うことです。

「ところがそのエネルギーが出てこないんです」と言う方も多いでしょう。

それは、自分の生きる本当の役割をとらえていないからです。使命、役割、何のために生きているかを先につかむことです。そうすればエネルギーはどんどん出てきます。

●今という瞬間は、いつでも初めて

営業で一番大事なのは熱意、情熱です。もっと大事なのは、興奮です。いつでもどこででも興奮できることです。一〇〇回話したことでも、なお興奮して話ができるかです。亡くなった美空ひばりさんが「悲しい酒」を唄うと、何千回唄っても涙を流しますよね。ああいうのを天才というんです。今初めて、いつでも今初めて、という感覚です。訪問先の相手は初めて聴くわけですし、自分も今は初めて話すわけです。それなのに、みんなマンネリになってしまうんです。前に話したからと言って。

今しかないんだから。いつだって今しかないんです。

昔実績を残したからとか、ずっとトップできているからと言って、そこで満足してしまうと、後は落下の道をたどるしかなくなっていきます。

やはりレベルを上げる努力をしていかないとダメです。

そういうことを心がけていかないと、途中で成長しなくなってしまいます。

昨日よりも今日、今日よりも明日というように日々成長をすることを念頭におけば、いつでもエネルギッシュでいられるんです。

おわりに――自分らしい花を最高に美しく咲かせよう

あなたはなぜ一生懸命仕事をしているのでしょうか？　なぜ成功したいのでしょうか？

それは本来、お金を儲けるとか、出世するという目的のためだけではないはずです。

本当は、たった一度の人生ですから、誰もが自分らしい花を最高に美しく咲かせたいと心の底で思っているに違いありません。「いやあ、本当に素晴らしい人生だったな」と言って幕を閉じるような、そんな一生を誰もが送りたいと思っているはずです。

ところが、実際には、世の中で成功者といわれるような人はごくわずかです。

自己実現せずに、一生を終わってしまう人がはるかに多いのです。

しかし私は、人はみな必ず成功するようにできていると確信しています。そして、そのことを「真我（本当の自分）開発講座」を通じて、日々実証してきています。

本文中にも実例の一端を紹介しましたが、他にも劇的に能力を発揮したり、営業成績を爆発的に伸ばしたりという例は枚挙に限りがありません。

先日も、ある大手コピーメーカーの三〇代の営業マンが、講座受講後に、全社でナンバーツーの営業成績を上げることができたのですが、彼は実直にこう話してくれました。

「やっていることは以前と変わっていないのに、急に営業成績が伸びたんですよね。それも、お客様の方から電話をじゃんじゃんもらうんですよ。自分でも不思議だったんですけど、ようやくなぜだかわかりました。あれ（受講）以降、会う人会う人、嫌いな人が一人もいなくなったんですよ！」

どんな人をも自然と受け入れられるようになり、人を好きになり、愛することができれば、おのずと営業成績が良くなるのはあたり前なのです。そうなれば、ますます仕事に打ち込み、営業が楽しくなり、そして、人生も素晴らしいものになっていくことでしょう。

そのためには、まず仕事の前に、「何のために生まれてきて、何をやって死んでいくのか」という人間として一番根幹の部分をしっかりつかむ、おさえることなのです。

それができれば、まさに今まで考えてもみないような凄まじい結果が出てくるのです。

それは決して難しいことでも、複雑なことでもありません。ちょっとしたきっかけを自分に与えてあげればいいのです。いわば外から取り入れる情報や知識を、頭で理解するレベルで考えたり、誰かに教えてもらうことではないのです。自分の心の底、魂の底の深い所から自分を見つめ直すことで、「本当の自分」は誰にでもつかめるのです。

いわばその核ともいうべき真我に目覚めることによって、あなたも一〇〇％成功できるのです。

佐藤康行

【著者紹介】

佐藤 康行（さとう やすゆき）

1951年、北海道美唄市生まれ。サンタ営業メソッド開発者。心の学校グループ創始者。

化粧品、宝飾品のトップセールス日本一、教育プログラムの販売では世界№1の実績を持つ。

ステーキ店「ステーキのくいしんぼ」を創業し「世界初の立ち食いステーキ」を考案。8年で年商50億円（70店舗）を達成後、経営権を譲渡。「心の学校」を創立し多くのトップセールスを育成する。

主な研修指導実績はANA、明治安田生命、その他一部上場企業をはじめ高校野球優勝校、プロボクシングチャンピオン、力士など幅広く、過去30年にわたりグループ全体で52万人以上の人生を劇的に好転させてきた。国会議員など政治家からの信頼も厚く、文部科学大臣を輩出。政財界に大きな影響を与えている。

主な著書に『炎のセールス』（産経新聞出版）、『お金の不安が消える本』（KADOKAWA）、『満月の法則』（サンマーク出版）、『サンタさん営業ドロボー営業』（アイジーエー出版）などがある。著書は350冊以上、著者シリーズ累計で250万部に及ぶ。

〈連絡先〉心の学校アイジーエー東京本部
〒135-0033 東京都江東区深川1丁目5-5　佐藤康行真我ビル5階
TEL：03-5962-3541（平日10時～18時）　FAX：03-5962-3748（24h）
Web：https://shinga.com/　Email：info@shinga.com

絶対《ぜったい》にNOと言《い》われない「究極《きゅうきょく》のセールス」［新装改訂版］

2024年1月16日　第1刷発行

著　者　佐藤《さとう》 康行《やすゆき》
発行者　深澤 徹也
発行所　株式会社メトロポリタンプレス
〒174-0042 東京都板橋区東坂下2-4-15　TKビル1階
電話 03-5918-8461　FAX 03-5918-8463
https://www.metpress.co.jp

印刷・製本　株式会社ティーケー出版印刷

ISBN978-4-909908-99-5 C0034